SHODENSHA
SHINSHO

ネススクールでは
てくれない
ッカー

研宗

祥伝社新書

はじめに

二〇一二年から二年間、私は米国のカリフォルニア大学（UC）バークレー校に留学していた。そこで驚いたのは、米国における経営学研究の異常なまでの実証主義的傾向であった。とにかく、統計ソフトを駆使してデータ処理し、仮説を実証する。そういったワンパターンの研究が、現代の米国における経営学研究の主流だったからだ。

当時、日本では『もしドラ』（岩崎夏海著『もし高校野球の女子マネージャーがドラッカーの「マネジメント」を読んだら』）ブームで、多くの日本のビジネス・パーソンがドラッカーのマネジメントに関心をもっていた。

もちろん、ドラッカーは以前から日本ではコンスタントに人気があったが、そんな日本からやってきた私にとって、この米国の実証主義的な状況は非常に驚きだった。

そして、今日《こんにち》、米国の経営学者は、まったくドラッカーに関心をもっていない。

いま、米国の研究者が関心をもっているのは、データである。いかにして良いデータを多く見つけるか。いかにして珍しいデータを獲得するか。統計ソフトが急速に発達してきたため、素人《しろうと》でも簡単に大量の情報やデータを容易に処理できるようになり、それゆえその素材となるデータをひたすら求めているのである。

特に、経営学の場合、データによって最終的に実証されるべき命題は、企業の利益や何らかの企業のパフォーマンスに関わるものが多い。というのも、利益や株主価値などに関わらない命題に、経営学者もビジネス・パーソンも関心をもたないからだ。

それゆえ、米国の経営学では、コーポレート・ガバナンス問題も、企業の社会的責任論（CSR）も、コンプライアンス経営も、企業ビジョンや文化も、みんな最終的に企業利益や株主価値の向上と、何らかの形で関係づけられることになる。

したがって、現在、米国の経営学者が行なっている研究は、次の二点が主な特徴といえるだろう。

（1）企業利益や株主価値を高めるような経済合理的マネジメントを探求すること

（2）そのような経済合理的マネジメントに関わる命題を、統計的に実証することこのような観点からすると、日本で人気のあるドラッカーの経営学はどちらの特徴も持ち合わせていない。そもそも、ドラッカーのマネジメントでは、企業の目的は利益最大化ではないし、株主価値最大化でもない。さらに、統計的手法によってドラッカーの主張が実証されることもない。

したがって、今日、米国の実証主義的な経営学者からすると、ドラッカーの経営学は非科学的で無意味でナンセンスなものとなる。彼の経営学は、すでに遠い過去のものであり、それは陳腐《ちんぷ》な経営学にすぎない。そして、このような非科学的で陳腐なドラッカー経営学を学んでいる日本の実務界を冷笑したり、それを取り上げる日本の経営学者を、世界から取り残されている人たちと見なすのだろう。

さて、もし私が若い研究者であったならば、おそらく何の抵抗もなく、現代の米国の実証主義的な流れを受け入れ、その流れに乗ろうとしたかもしれない。事実、一九九〇年代、まだ私が三〇代の頃、ニューヨークのマンハッタンにあるニューヨーク大学スターン経営大学院に留学したときはそうだった。

しかし、今回のUCバークレー校での留学では、事態は異なっていた。それは、ある意味で辛《つら》いものだった。私もすでに年をとっており、しかも前よりも少しばかり経営学に関する知識をもっていた。さらに、われわれが普段、研究対象にしている日本企業の世界における地位も、前に比べてはるかに高くなっていた。

そういったこともあって、素直に米国流の実証主義的傾向を受け入れることができなかった。何か違う。何かがおかしい。そう思いつつも、それがいったい何なのかがうまく表現できない状態が長く続いた。もちろん、英語の壁は高くて大きかったが、それとは別に何か納得できないものに出くわしていた。

実証なき研究は無駄であり、ナンセンスだという権威主義的な雰囲気。それが世界の流れであり、その流れに乗れないものはどんな価値も存在意義もないという、あの雰囲気。このとき、ジャック・デリダの「脱構築」の議論を思い出した。おそらく、フランスの植民地であったアルジェリアからパリへやってきた若きデリダもまた、パリにきてはじめて西洋哲学の権威に出くわしたのだろう。そして、その壁の高さと大きさに打ちのめされたのではないか。

しかし、デリダのすごさは、既存の西洋哲学の権威に抵抗したことである。自分の存在を喪失しないように、自分が倒れないように、現状を脱構築し、どこに権威の根源があるのかを分解して探し出し、そこから新しい何かを構築しようとする彼の「脱構築の哲学」がはじまったように思える。そう考えたとき、日本にいるときには大嫌いだったフランスのポスト・モダンの存在意義を知った。

こうしたヨーロッパの強さは、同様に、いまヨーロッパを中心に展開されている「実践としての戦略（Strategy as Practice: SAP）」と呼ばれる研究動向にも見られるように思う。日本にいるときには、この研究の意義がよく理解できなかったが、米国経営学の実証主義的傾向へのアンチテーゼとしてみると、存在意義が感じられる。これはやはりヨーロッパの知的強靭《きょうじん》さによるものだと思う。

しかし、次第に私が抱いていた疑問が解け始めてきた。米国経営学における統計学の乱用という現実が、明確に見えてきたのである。

一言でいえば、今日の米国では「実証主義的な科学的経営学」がまかり通り、市場も支配できるという傲慢《ごうまん》な発想にまで発展しているのだ。それがリーマンショックを導いた原因の一つかもしれないと思った。そして、この米国流の疑似科学的な経営学から、ドラッカーの哲学的経営学をも許容する日本の経営学をどのようにして守るべきか。いかにして科学主義に負けないようにするか。ささやかながら抵抗してみたいという思いが強くなった。それをまとめたのが、この本である。

古い概念を打ち破り、ベンチャー企業設立を夢見るような若い有望な人たちにこそ、本書を捧げたい。

二〇一五年三月

三田山上にて

菊澤研宗《きくざわけんしゅう》

目次

第Ⅱ部　ドラッカーの経営学を読む

第7章 ドラッカーのマネジメント論 128

第Ⅰ部

経営学の科学主義とドラッカー

第1章　ドラッカーを読まない平凡な経営学者

ドラッカーなんて誰も読まない？

私がカリフォルニア大学（UC）バークレー校に留学している間に、日本では大変ユニークな本が出版された。入山章栄《いりやまあきえ》さん（早稲田大学ビジネススクール准教授／執筆当時はニューヨーク州立大学バッファロー校アシスタント・プロフェッサー）の『世界の経営学者はいま何を考えているのか』という本だ。

この本は、ドラッカー好きの日本人にとって非常に衝撃的だったと思う。というのも、本書の帯には「ドラッカーなんて誰も読まない」というキャッチ・コピーがあったからだ。

しかし、この本で紹介されているのは、実はドラッカー批判というよりも、欧米を中心とするアカデミック・ジャーナルに掲載された論文の要約である。この本は、米国のアカデミックな経営学の主流をまとめていて、社会学的な経営学や心理学的な経営学に関心のある若い研究者にとって、良い参考書になるだろう。

一方、この本につけられた「ドラッカーなんて誰も読まない」という衝撃的な文言は、決して誤りではない。たしかに、今日、米国にいる研究者はほとんどドラッカーなど読んでいないのだ。しかし、ドラッカーのマネジメントは、米国で完全に死んでしまったのだろうか。

さて、日本でも、今日では若い経営学者は米国の経営学者と同様、ほとんどドラッカーに関心をもっていない。学会でもドラッカーに関する報告を行なう人など、ほとんどいない。基本的に、ドラッカーは実務家に人気があるのだ。

しかし、米国と多少異なるのは、日本では実務家だけではなく、一九七〇年代ごろまで日本の経営学者は初期のドラッカーの著作に強い関心をもっていた。したがって、日本では、はじめは学者の手の中にあったドラッカー経営学が、やがて実務家の手にわたっていったという歴史がある。

では、なぜ七〇年代まで日本の経営学者はドラッカー経営学に関心をもっていたのだろうか。それは、初期のドラッカーの一連の著作があまりにも難解だったからだ。彼の主張を解釈するには、学者レベルの知識と教養が必要だったのである。

おそらく、今日、ドラッカーの著作を読んだことのない研究者は、彼の議論を（いくぶん軽蔑的に）啓発的な軽い内容のものだと思っている人が多いのではないか。特に、若い日本の経営学者はそのように考えているかもしれない。しかし、それは単なる印象でしかないと思う。

私の考えでは、おそらくほとんどの人は、ドラッカーの初期の著作の内容を十分に理解できないのではないだろうか。それほど彼の著作は難解で、かつ手ごわいものだ。それを理解するために、かつて日本の経営学者は、ドラッカーの著作に挑戦していたのだと思う。

MBAでは最新の経営学は学べない

さて、今日、米国では、教授陣がMBAで教えている内容と、実際に彼らが研究し、トップ・ジャーナルに投稿している研究内容は、必ずしも一致していない。

極端な場合、MBAで教えているのは、テニュア（終身雇用権）のない若手の助教、非常勤講師、そしてテニュアをとることをすでにあきらめた講師たちである。これに対して、学内の有力な教授たちは、世界中から研究者を呼び寄せて発表させるアカデミックなセミナーに出席しているだけという構造になっている。特に、UCバークレー校のような有名大学では、そうなっているのではないかと思われる。

いま、UCバークレー校ハース・ビジネススクールには、「ダイナミック・ケイパビリティ」というアイディアで、世界的に有名なデビッド・ティース教授がいる。しかし、彼はほとんど講義を行なうことがないので、バークレーのMBAで学ぶ学生でも「ダイナミック・ケイパビリティ」という言葉すら知らない学生がいる。私は、ティース教授のもとで研究していたので、この状況には非常に驚いた。

しかし、この現状に、MBAの学生が不満をもっているわけではない。というのも、彼らが求めているのは経営をめぐる最新の知識というよりも、学歴だからである。有名ビジネススクールを卒業したという事実がほしいのである。

というのも、その学歴がもつシグナリング（信号）効果を武器に、より条件の良い会社に転職することが、彼らの主要な目的だからだ。この意味で、MBAの学生はたとえ日本に関心があっても、中途採用をしない日本企業には関心をもっていない。だから、日本企業に関する講義にもあまり関心がないのである。

こういった理由で、今日、学生は、教授陣や講義内容それ自体に、それほど強い関心を示さない。リーマンショック以降、米国では就職が非常に難しくなり、日本のように大学が就職予備校化しているようにも思える。学生も本当に勉強したい学部や学問を選択しているわけではない。あくまでも、就職ありきなのである。このような状況を反映して、今日、就職に弱い人文学系の学部には学生が来なくなっている。

二種類の経営学

さて、講義を行なっていない教授陣は、さらに二つのグループに分かれる。一つは、計量的方法を駆使してアカデミック・ジャーナルに論文を掲載しようと日々投稿している研究者たち。もう一つは、必ずしも計量的方法を駆使しているわけではないが、ビッグ・アイディアを展開しようと日々努力している研究者たちである。

今日、米国では前者の研究者が圧倒的に多く、おそらくその数は九〇％以上にのぼるだろう。しかも、論文を量産するために、彼らの研究論文のほとんどが共同研究である。そして、その論文形式もほとんど同じ。まず、たくさんの仮説を並べ、それらを重回帰分析などの統計的手法で分析し、そして実証するというお決まりの形式である。今日、経営学系の有名ジャーナルは、このような計量的な論文で溢《あふ》れている。

では、アカデミック・ジャーナルに掲載されているような論文は、現実の企業経営に役に立っているのだろうか。私の考えでは、役に立つ立たない以前の問題である。

なぜなら、このようないわゆるアカデミックな研究内容が実務の世界に下りてきているかというと、必ずしもそうではないからだ。むしろこうした内容は、ビジネスの現場にはほとんど届いていないといってよい。実務家は、アカデミック・ジャーナルをほとんど読まない。そのような論文は仮説の内容よりも統計的手法の説明が多く、それを読むことは、実務家にとって時間の無駄なのである。

他方、ビッグ・アイディアに関心をもっている研究者は、たいていアカデミックなジャーナルよりも、大学出版会から本を出版しているケースが多い。たとえば、ハーバード大学出版局、シカゴ大学出版局、オックスフォード大学出版局、そしてケンブリッジ大学出版局などが非常に有名で、大学出版会が発行する本は、ほぼ自動的にどこの大学の図書館も購入しているようだ。そして、実務家がそのような本を手に取る機会も多い。

また、彼らは、ジャーナルの中でも、ハーバード大学の「ハーバード・ビジネス・レビュー」やUCバークレー校の「カリフォルニア・マネジメント・レビュー」などに論文をしばしば掲載している。

特に、「ハーバード・ビジネス・レビュー」では、アカデミック・ジャーナルで注目された論文の内容を、その著者たちがわかりやすく紹介する記事も多く出ている。もちろん、それはあくまで一般向けの雑誌であるが、その影響力は絶大で、書きたくても有名人しか書けない雑誌となっている。

経営学における流行

このようなビッグ・アイディアを探究する研究者たちによって、しばしば経営学における流行が生み出される。逆にいうと、アカデミック・ジャーナルに掲載される実証研究からは流行はほとんど生まれない。いま米国でポピュラーなものの一つは、イノベーション関連の話題だろう。

たとえば、ＵＣバークレー校のヘンリー・チェスブロウが展開している「オープン・イノベーション」論。彼はアカデミックなジャーナルに多くの論文を投稿しているわけではない。彼によると、従来、企業は自社の中だけで研究者を囲い込み、研究開発を行なうクローズド・イノベーションが中心だったが、最近は人件費の関係からクローズド・イノベーション・モデルが困難になってきている。

そこで、産学連携などで大学との連携を増やすことで、研究開発費を削減し、自社技術だけでなく、他社や大学などがもつ技術やアイディアを組み合わせ、革新的なビジネス・モデルや革新的研究成果、製品開発につなげる方法が注目されている。これが、彼のオープン・イノベーションの考えだ。

また、ＭＩＴ（マサチューセッツ工科大学）のフォン・ヒッペル教授によって展開されている「ユーザー・イノベーション」も注目されつつある。従来、イノベーションは企業の研究所や一部の発明家などによって生み出されているといわれてきた。しかし、実際には、ユーザーが、目的を達成するためにイノベーションを起こすことのほうが多く、それゆえ、ユーザーを開発過程から巻き込むほうが合理的にイノベーションを起こせるという考えである。すでに、３Ｍ、Ｐ＆Ｇ、良品計画などがこの方法を利用しているといわれている。

さらに、ダートマス大学のビジャイ・ゴビンダラジャンによって展開されている「リバース・イノベーション」という考え方も人気がある。従来は、先進国で開発された製品や技術が途上国へと流れていたが、近年、新興国向けに開発した商品や技術、ビジネス・モデルが逆に先進国に還流するという動きが出ているという。これが、リバース・イノベーションだ。このリバース・イノベーションで重要なのは、製品開発プロセス自体を新興国に合わせていく、という点である。

そして、ハーバード大学教授クレイトン・クリステンセンの「イノベーションのジレンマ」などは、日本でもよく知られている。一般に、優良大企業は消費者のニーズに合わせて持続的イノベーションを展開する。しかし、ある段階で顧客のニーズを超え、顧客は以後、それ以外の側面に目を向けはじめる。

消費者は、既存の商品より劣《おと》るが、新たな特色をもつ商品を売り出しはじめた新興企業に注目しはじめる。これが破壊的イノベーションとなり、その価値が市場で広く認められる結果として、優良企業の提供してきた従来の製品の価値は毀損《きそん》し、優良企業は自社の地位を失うことになるという考えである。

以上のような議論が今日、学界のみならず実務界に対しても大きな影響を与えている。これらは、いずれもアカデミック・ジャーナルから生まれたものではなく、大学出版局などから本として出版され、注目されているのである。

ドラッカーは生きている

話を元に戻そう。今日、米国ではアカデミック・ジャーナルに数多くの論文を掲載していても、そのような研究者が実務界で注目されるというわけではない。むしろ、実証的なアカデミックなジャーナル主義者よりも、ビッグ・アイディアを生み出している研究者のほうが実務の世界では知られ、受け入れられている。

また、統計的な手法を使わずに、アカデミック・ジャーナルに論文を掲載している、将来を嘱望《しょくぼう》される有望な若手研究者たちも何人かいる。彼らは、統計学や数理モデルに頼らず、単独で論文を掲載する力をもち、それらの論文はいずれも深い内容だ。まさに、いつかビッグ・アイディアを生み出すような若きエリートたちである。

しかし、このようなビッグ・アイディアを出せる研究者は、ほんの一握りの人たちであり、また、頻繁《ひんぱん》に生まれるものでもない。それはさまざまな偶然や運とも関係している。それゆえ、トップ・ジャーナルに掲載されるように、地道に実証論文を書き続けるほうが、研究者として成功する確率は高いといえるだろう。

なぜなら、トップ・ジャーナルに論文を掲載し続けることは、若手の研究者にとってよりレベルの高い大学への就職機会を高め、学内での昇進の機会も高め、そしてまた学界でのステイタスも高めることになるからだ。

さらに、有名大学からより良い条件で、お呼びがかかる可能性も高い。それゆえ、多くの「平凡な」研究者は計量的論文を共同で大量に書き続けることになる。しかし、不幸にもそのほとんどが無名で終わる。

そして、そのような一般的で平凡な実証主義的な研究者たちにとって、ドラッカーの本はまったく読む価値がない。時間の無駄なのだ。データを集めて実証研究することに忙しくて、そんな暇もない。それゆえ、入山さんの本の帯に書かれている「ドラッカーなんて誰も読まない」というキャッチ・コピーは、まさに現在の米国の現実を表わしているといえる。

ところが、先に紹介したチェスブロウ教授、ティース教授、そしてクリステンセン教授など、ビッグ・アイディアを創造しているようなわずかな大物研究者たちは、ドラッカーの本を読んでいるし、いまでもときどき、コメントすることもある。

実際、彼らの著書の中にドラッカーが引用されているし、最近でもクリステンセン教授がドラッカーについてコメントしている記事が出ていた。さらに二〇〇九年にノーベル経済学賞を受賞したオリバー・E・ウィリアムソン教授もアカデミック・ジャーナルである「Strategic Management Journal」に掲載された論文の中で、ドラッカーについて言及している。

つまり、彼らの中には、まだドラッカーは生きているのである。やはり、ドラッカーのマネジメントには、いまでも何か捨てがたいものがあるのだろう。それは何なのだろうか?

第2章　米国で台頭する科学主義

人文学の危機

現在、米国では人文学の危機が囁《ささや》かれている。スタンフォード大学の教員の四五%が人文学系の教員だが、人文学専攻の学生は全体の一五%しかいない。ハーバード大学でも、最近一〇年で人文学を専門とする学生は二〇%も減少しているという。これら有名大学はまだましだが、普通の大学ではこの傾向はかなり深刻なようだ。

こうした状況のため、米国では人文学への資金援助は減少し、その分が自然科学に振り向けられるようになっている。この傾向は、リーマンショック以降、若者が就職難となり、就職に強いコンピューター・サイエンスや理科系への進学が増えているからでもある。

また近年、大学の授業料が高騰し、ほとんどの学生が学生ローンを利用している。このローンを返済するためには、大学卒業後、すぐに給与の高い職に就く必要がある。それゆえ、人文系よりも就職に有利な理系に学生が集まるのである。

こうした状況にあるので、かつて米国では多くの若者が大学卒業後もすぐに定職に就かず、いろいろな会社を転職して社会勉強し、最終的に自分の職を決めるというライフスタイルがあったが、それもいまは消えつつある。とにかく給与の高い金融やIT系企業に優秀な若者が流れていっているのだ。

こうした科学人気の流れに乗って登場してきたのが、現代の科学主義の代表であるハーバード大学の心理学者スティーブン・ピンカーだ。彼は、二〇一三年に「The New Republic」誌で、かつてその編集長であったレオン・ワイゼルティアーとの間に激しい議論を展開した。

近年、医療機器の急速な発展により、脳科学が進歩し、脳の動きと心理的状態を関連づけるような実証的研究ができるようになった。この方法にもとづいて、ピンカーはこれまで哲学が扱ってきた倫理や善や美の問題もまた、経験科学的に扱えると主張する。そうすれば、人文学の人気も上がると豪語する。

しかし、たとえ今後も医療機器が進歩し、脳科学や心理学が発展したとしても、脳科学や心理学によって哲学、美学、そして倫理学は支配されないし、排除されることもない。「好きか嫌いか」「良いか悪いか」「正しいかどうか」。こういった価値に関係する問題は、経験科学では解決できない。また、ある文学や学説の内容を解釈する問題も経験科学では解けない。というのも、いずれも対象が物理的世界ではないからである。したがって、科学によって人文学は抹殺されることはないのだ。

人文学を果敢に科学化しようとするこのような科学主義を「The Folly of Scientism（科学主義の馬鹿さかげん）」と呼んで批判する研究者もいる。

経営学における科学主義

この最近の科学主義的傾向に同調しているのが経営学における科学主義である。しかし、その起源はもっと以前にある。

最近の「フィナンシャル・タイムズ」の記事によると、今日、米国では短期的な株主価値最大化や短期的利益最大化は社会にとって良くないという考えが、徐々にコンセンサスになりつつあるという。実際、多くの米国企業は、長期的で持続可能な戦略や自然環境の保護について常に考えていると述べている。

それにもかかわらず、同紙によれば、毎年、世界中の優秀で幅広い考えをもった学生や社会人が、米国の有名ビジネススクールに入学するが、卒業すると、彼らの思考が変化すると指摘している。

二〇一一年のブルッキングス研究所の調査によると、彼らが米国のMBAを卒業するときには、たいてい、企業の目的は「株主価値最大化」あるいは「利益最大化」と考えるようになるという。この現象は、どういうことなのだろうか。

これは、現在の米国MBA教育は、実務の世界での認識から遅れ、いまだ株主価値最大化モデルや利益最大化モデルを中心にしたものだということだ。一方で、このような現状が、必ずしも良いわけではないことを、実は大学側もよく理解していると思う。

しかし、すでにテニュア（終身雇用権）を獲得した教授や准教授にとって、多少古い理論や学説でも、これまで通りの理論内容を講義で説明することのほうがはるかに楽なのである。講義内容をたえずアップデートするには、かなりの時間と労力が必要となる。しかも、終身雇用権を獲得しているので、たとえ講義内容が古くても、それによってクビになることもない。

他方、学生も、講義や授業それ自体よりも転職のためにＭＢＡの資格、特に有名校の資格に関心をもっている。それゆえ、そこが問題になることも少ないのだ。

あえていえば、ここ数年で授業料が異常に高くなっていることが問題として挙げられる。たとえば、カリフォルニア大学バークレー校のビジネススクールの学費は年間約六〇〇万円だ。

しかし、この株主価値最大化モデルや利益最大化モデルを中心とする講義傾向は、ずっと昔からあったわけではないようだ。実は、一九八〇年代、ロナルド・レーガンが大統領のときに、経済の自由化が進み、特に株式市場が繁栄することになって以来のことだという。

八〇年代の株式市場ブームに対応して、米国のほとんどのビジネススクールが、コーポレート・ファイナンス（企業金融）の教授をたくさん雇用した。そして、その後、米国経営学は科学主義的で経済性志向が強まることになった。企業の目的は利益最大化、株主価値最大化である。この単純な仮定から、比較的容易に数理モデルが展開できるので、このような経済合理的マネジメントが科学的と見なされることになったのだ。

さらに、MBAコースでは、実務家の知識や経験に依存することが批判され、講義では経験的で科学的な厳密性が求められた。そして、この傾向から、統計学によって経験的に実証された命題だけが科学的とされ、そうでないものは非科学的で無意味と見なされる傾向が形成された。

この同じような流れを、実際にカリフォルニア大学バークレー校のリンカーン名誉教授（現在シンガポール国立大学教授）とランチをしているときにも聞いた。昔は、もっと実践的な経営学的議論が重視されていたが、一九八〇年代頃から科学志向が強くなり、統計的な分析が多くなっていったという。そして、アカデミックなジャーナルでも統計学を駆使した論文が多く掲載されるようになった。そして、いまでは重箱の隅《すみ》を突っつくような議論があまりにも多いと嘆いていた。

以上のような状況なので、今日、米国のアカデミックな世界では、企業の目的は「顧客の創造」だという非経済的でしかも統計的な裏付けのないドラッカー学説などは、まったく非科学的で、無意味な議論だということになる。利益最大化、株主価値最大化を達成するために、経済合理的マネジメントが有効であり、数学的で統計的に実証されているマネジメントだけが、科学的であるとされる。そのような経営学を、多くの経営学者が追いかけているというわけである。

しかし、このような科学主義的な研究から、実務の世界に対して大きなインパクトを与えるような科学的成果はほとんど出ていないように思われる。科学を目指して研究している人のほとんどが、ドラッカー以上のインパクトを実務の世界に与えることなく、「平凡な」研究者で終わっているように思える。

第3章　統計学のお遊びになってしまった経営学

実証主義的でないものは無意味なのか

現代の米国経営学は、（A）社会学にもとづく研究、（B）心理学にもとづく研究、そして（C）経済学にもとづく研究に区別される。そして、これらの研究に共通している点は、（1）経済合理的なマネジメントを展開し、（2）それに関わる命題を統計的手法によって正当化することである。

特に、社会学的な経営学研究と心理学的な経営学研究は、大胆にいえば経済学的な経営学研究に比べてしっかりした理論がないため、いくぶん安易に仮説を設定し、それを強引に統計的に実証しようとする傾向がある。しかも、その統計的手法も計量経済学から借りてきたものなので、計量経営学者は一般に計量経済学者よりもレベルが低く見られる傾向がある。さらに、計量経済学者は最新の統計手法を数学者から借りてくるので、数学者を頂点とするカースト制度が形成されているように思われる。

この実証主義的な経営学研究からすると、ドラッカーのマネジメントは経済合理性を追求するマネジメントではないし、また統計的に実証され、経験的に「真」であるとして正当化されるものでもない。それゆえ、ドラッカーのマネジメントは非科学的で無意味なものになる。したがって、それは読むに値しない。

しかし、米国で流行している、統計学を駆使する実証主義的な研究は本当に有意味で役に立つのか。逆にいえば統計や数字となって現われないものは、本当に意味がないのだろうか。実証できないから、ドラッカーのマネジメント理論は無意味なのだろうか。私はそうではないと考える。以下、本章ではそれについて説明したい。

実証主義的研究は時間の無駄

先にも述べたが、おそらくいま米国の経営学界では、計量的な研究論文のほうが学術雑誌にアクセプトされ、掲載されやすい。また、統計ソフトもかなり発達し、非常に便利になっており、統計学の数理的構造を十分に理解しなくても統計処理ができる状況にある。

しかも、このような統計的手法によって仮説を実証することが「科学的」だという論理実証主義的なバイアスが根強くある。それゆえ、米国の大学では、いま統計的手法を利用することなくして、博士号を取得することはかなり難しい状況にある。

論文の書き方もワンパターンで、はじめに先行研究をレビューし、そこからまだ扱われていない仮説を六つから八つぐらい設定して、それらを重回帰分析という統計手法を用いて実証する。ここで、もしすべての命題が統計的に有意だと逆に疑問視されるので、一つか二つぐらいは有意ではなかったことにする。そして、最後に結果をめぐってディスカッション（検討）するという形式。こういったパターンの論文ばかりになる。

より具体的に、このような実証主義的状況について紹介してみたい。私が留学していたUCバークレー校のハース・ビジネススクールでは、毎学期、いろんな研究科で分野別に大学院生以上を対象としたセミナーがいくつも開かれている。

そのセミナーには、だれでも自由に参加できる。事前に参加登録する必要もない。したがって、極端にいえば学生でない一般人でも参加することができる。ビジネススクール、ロースクール、経済学、社会学、心理学関係の大学院生や訪問研究員が自由に参加でき、相互に密接に交流している。日本とは異なり、学部間や大学院間の垣根は非常に低く、相互交流は非常に活発である。ここに、日本にはない米国の大学の素晴らしさがある。

私は、毎週、ビジネススクールのイノベーション・セミナー、組織論セミナー、ファイナンス・セミナー、そしてロースクールの「法と経済学」セミナーなどにも出ていた。

ＵＣバークレーには、資金を集める能力のある有名教授が多いので、その資金にもとづいて毎週いろんな分野のセミナーに、全米中の有名大学の有名教授を呼んで報告してもらっているという状況であった。資金が豊かなセミナーは、たいてい昼に開かれ、ランチ・ボックス付きという形式が多い。だから、食べながら報告者の発表を聞くことになる。

研究者にとって、バークレーのセミナーに招待されて報告することは、名誉なことのようだ。報告者のほとんどは、スタンフォード大学、ハーバード大学、MIT、ニューヨーク大学、シカゴ大学、そしてプリンストン大学などの有名大の有名教授か、あるいは有望な若手教員が多いので、いま米国では何が流行っているのか、あるいは米国の一流の研究者はいま何に関心をもっているのかがよくわかった。

そうした場でも、九九％の報告者が統計学を使った計量的な報告を行なっていた。ハーバード大学の若手教員もCSR（企業の社会的責任論）に関する非常に面白い報告をしていたが、やはり統計的な処理をメインとした内容だった。また、スタンフォード大学の有名な経済学者も、本来ならば数理モデルの展開も得意なのだが、経営学分野の研究者を意識して計量的な報告をしていた。

このように、UCバークレーのさまざまなセミナーでは、たくさんの計量的実証研究が毎週報告されており、報告の途中でもたくさんの質問が出る。ただし、その質問のほとんどがデータに関するものである。このような自由に質問できる雰囲気、これこそ自由な国アメリカ流と思う人がいるかもしれない。しかし、報告が終わると、だれも質問しないで、すぐに席を立って帰りはじめる。

つまり、セミナー参加者は、報告内容の論理一貫性や報告全体のストーリーの面白さについてはまったく関心がない。せっかく報告者が面白いストーリーを語っていたとしても、そこに関心を示す人はほとんどいない。もっぱら、データにだけ関心をもっている。そういった研究者があまりにも多い。

ときどき、ノーベル経済学賞を受賞したオリバー・ウィリアムソン教授もセミナーにきていたが、そのような重箱の隅を突っつくような議論がはじまると、つまらないようで、途中で教室を退出することが多かった。私のスポンサー教授であったデビッド・ティース教授は、あれは時間の無駄だとさえいっていた。これは、いったい何を意味するのだろうか。

相関関係と因果関係の違いとは

当初、私はこの異常なまでの実証的傾向に完全に圧倒されていた。しかし、徐々にこの統計的な実証研究に疑問を抱きはじめ、やがてその問題点も明らかになった。つまり、統計学の乱用がそこにある。

実証研究とは、本来、新しい理論を実証するものである。それゆえ、実はそんなに簡単にだれもが実証研究することはできない。実証研究を行なうためには、その前に実証されるべき新しい因果法則やビッグ・アイディアがなければならないからである。しかし、既存の理論はたいてい、すでに実証されているので、そのような実証研究を行なう余地はそれほど大きくない。

それにもかかわらず、膨大な数の理論仮説が日々実証されている。一学期でさまざまなセミナーで提示される仮説の数を合計すれば、おそらく一〇〇〇以上の因果仮説命題が提示され、それらが統計的に実証されているのである。この矛盾は、何を意味するのか。

答えは簡単だ。実証している仮説のほとんどが残念ながら「因果命題」ではなく、理論的根拠のない単なる「相関関係」にすぎないからである。

因果命題とは、たとえば、「ある製品価格が上昇するならば、企業はその製品の供

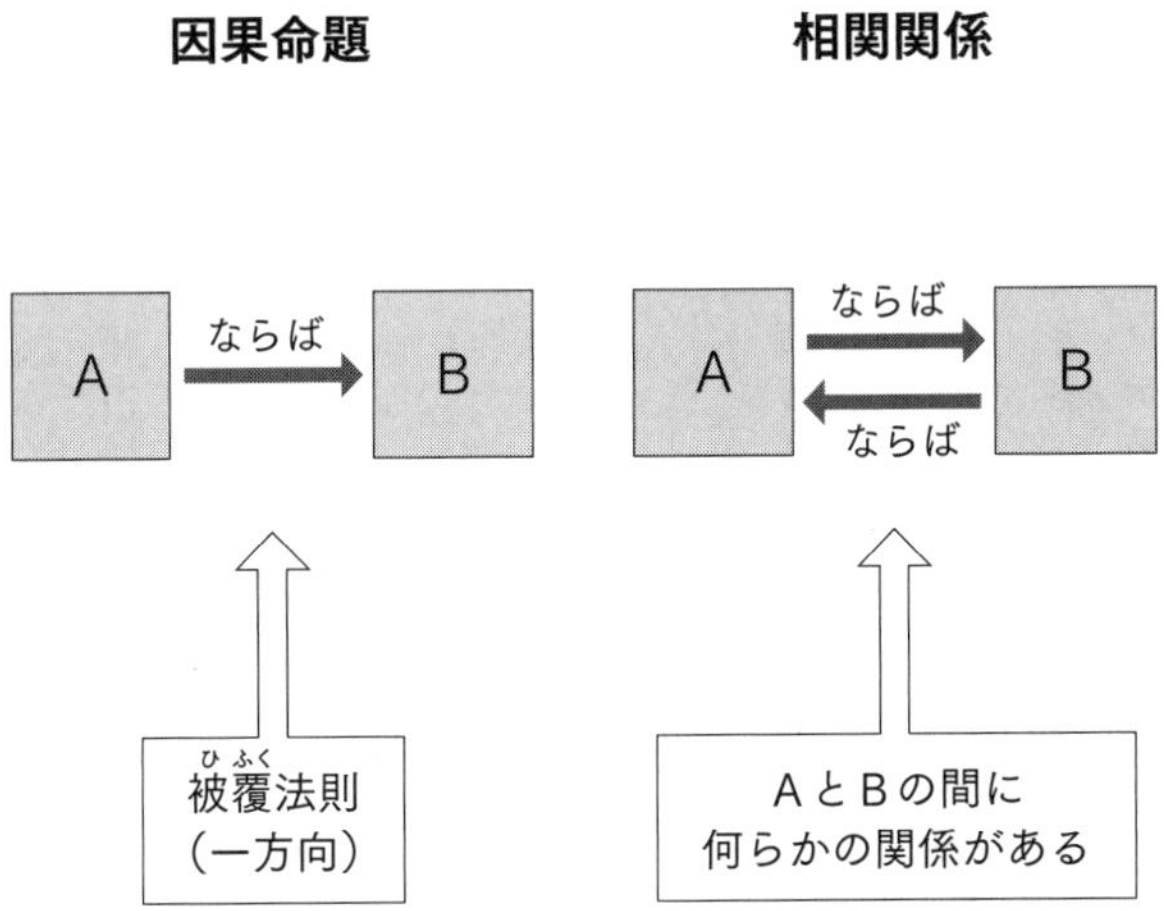

給量を増加する」、「株式による資金調達コストが銀行からの借入コストよりも低いならば、企業は株式による資金調達を選択するだろう」、「もし円高が進行するならば、日本企業は海外での生産の割合を高めるだろう」といったものである。

　因果命題は、時間とともにある状態から別の状態へと状態が変化することを描くものであり、その逆の変化はない。しかも、本来、その一方方向の変化を決める原理が必ずその背後に存在している。いわゆる「被覆《ひふく》法則（covering law）」と呼ばれるものである。そして、その法則からさまざまなより具体的な因果命題やモデルが論理的に導出され、理論体系が形成されることになる。

たとえば、新古典派経済学では、企業の利益最大化仮説、つまり「すべての企業は利益最大化する」という命題が、被覆法則に対応している。この法則のもとに、さまざまな具体的な因果命題が導かれうる。

先に述べた「ある製品価格が上昇するならば、企業はその製品の供給量を増加する（その逆はない）」、あるいは「株式による資金調達コストが銀行からの借入コストよりも低いならば、企業は株式による資金調達を選択するだろう（その逆はない）」、あるいは「もし円高が進行するならば、日本企業は海外での生産の割合を高めるだろう（その逆はない）」。

これらの命題の背後には、いずれも同じ企業の利益最大化仮説が被覆法則として存在しているのである。

このように、まず因果法則や因果原理が発見され、そこからさまざまなより具体的な因果命題を引き出すことによって理論体系が形成される。そして、それぞれの因果命題が経験的にテストされて、法則をめぐる理論体系が経験的に正当化されていくことになる。

しかし、残念ながら、そのような理論体系を発見し、形成して展開できるのは才能をもった選ばれたわずかな人間たちである。これに対して、相関関係を導くには才能はいらない。被覆法則は必要ないので、平凡な経営学者でも簡単に相関命題を構築できる。

直観的に、「AとBが関係しているのではないか。あるいは、少ないデータからAとBは何か関係しているのではないか」、ただそれだけの作業や思いつきで、たくさんの、しかも興味深くユニークな相関命題を、われわれ凡人でも簡単に作ることができるのだ。

しかし、そこには被覆法則（因果法則、原理）が存在しないので、たくさんの相関命題は相互に体系化することはできない。たくさんの命題が相互にバラバラな状態で併存することになる。そして、たいてい、相関関係は表面的で一時的な現象にすぎない。

たとえば、企業統治（コーポレート・ガバナンス）の観点から「外国人株主の比率が高いほど、企業の投資収益率は高くなる」という命題を因果命題として実証しようとする人がいる。しかし、この命題はその逆「投資収益率が高いので、外国人株主の比率が高くなる」のかもしれない。それゆえ、これは因果命題ではなく、実は相関命題なのである。

データから理論を作ってしまう誤り

また、「ビールの消費量が増加すると、景気は良くなる」という命題や「中間管理職の経験がない社長が経営するベンチャー企業に投資するならば、成功する」という仮説がある。

一見正しそうに見えるが、なぜそうなるのか。そこに理論的説明はない。いずれも、扱ったデータ内での相関にすぎない。もちろん、相関関係を発見した後で、理論的な説明ができるかを調べることはいい。しかし、平凡な経営学者は、理論的な説明抜きで、ただ経験的に実証されればそれでいいという安易な態度になるのである。

このような態度で統計を使うと、統計を使っている意味が変わってくる。本来ならば、ある普遍法則と特定の条件から演繹《えんえき》的に提出されたある因果命題を経験的にテストするべきところを、逆に、収集した有限なデータから普遍的な理論を形成するために統計を使っていることになる。つまり、データを用いて命題をテストするのではなく、データから帰納的にたくさんの真の仮説を形成していることになるのである。

このような矛盾が、さらに単なる相関命題を因果命題として統計的に実証しようとする矛盾へと連鎖することになる。本来、重回帰分析は、因果命題の妥当性を経験的にテストするものであって、相関関係の妥当性をテストするものではない。

あくまでもある法則や原理から導出される「AならばYとなる」、「BならばYとなる」、「CならばYとなる」、「DならばYとなる」といった因果命題の妥当性を以下のような重回帰式にもとづいてテストしようとするものである。

仮説「AならばYとなる」
仮説「BならばYとなる」
仮説「CならばYとなる」

仮説「DならばYとなる」

$$Y = a_0 + a_1A + a_2B + a_3C + a_4D$$（a_0は定数）

ここで、変数Y、A、B、C、Dに関わるデータを統計ソフトに従って打ち込めば、数学的構造を知らなくても自動的に係数a_1、a_2、a_3、a_4が計算されて出てくる。そして、もしこれらの係数が正（プラス）であれば、仮説が妥当である可能性が高いといえる。そのことは、これらの因果命題群の背後にある共通の原理、あるいは法則もまた妥当でありうるということを意味する。

ここまでの作業は、本来ならばさまざまな因果命題およびその背後にある共通の法則の経験的妥当性のテスト、つまり正当化のプロセスの一部である。しかし、複数の相関仮説を重回帰分析している平凡な研究者にとっては、その意味が異なる。それは、帰納的に仮説を形成（発見）するプロセスとなっているのである。

こうして発見した相関関係を因果命題であると勘違いしているケースは多い。

先にも述べたように、相関関係を導くのは簡単で、凡人でも可能なのだ。あるAという事象とBという事象との間の関係性を統計的に検証すればいいからだ。ある意味で興味深くユニークな相関命題をわれわれは簡単に、しかも大量に形成できる。問題は、その相関関係を因果命題であると勘違いし、実証して満足してしまうことだ。

たとえば、あるセミナーで「人は幸福を感じると、寄付行為を行なう」という命題が因果命題として実証されていたが、この命題は、その逆「寄付行為を行なうと、人は幸福になる」という命題としても成り立ちそうだ。それゆえ、これは因果命題ではなく、実際には相関命題である。

他にも「スター教授がやってくると、その部門の知的レベルは上昇する」という仮説命題や「ミドル・マネージャーの経験のない経営者が経営するベンチャー企業に投資すると成功する」という仮説を発表している人もいた。こんな命題を証明しても意味がないことは、経営学の素人でも気づきそうなものだ。

こうなると、統計を使う意味がまったく異なってくる。ある理論から、あるいはある原理や法則から演繹的に導いた仮説をテストするのではなく、帰納的に仮説を作るために統計を使っていることになるからだ。

こうして、統計的に検証された仮説は正しいということで、「平凡な」経営学者は帰納的にたくさんの真の仮説を安易に提出してくることになる。しかし、次に説明するように、このやり方は間違いである。

仮説の正しさをどう確かめるか

ある仮説が正しいかどうかを確かめるには、統計的な「仮説検定」と呼ばれる手続きを踏む必要がある。しかし、仮説検定の意味を十分理解していない平凡な経営学者は意外に多い。そのことが、これまで説明してきたような間違いを招いているといえる。

仮説検定においては、まずその経験的妥当性を証明したい命題（「対立仮説」と呼ぶ）に対して、それを否定する命題（「帰無《きむ》仮説」と呼ぶ）を設定する。なぜこのような手続きが必要なのか。その理由は、実は理論的な普遍命題（ここでは対立仮説と呼ばれる言明）は論理的に真なる命題として実証することができないからである。

たとえば、「すべてのカラスは黒い」という自明の普遍命題ですら、経験的に「真」として実証できない。われわれは、どれだけたくさんの黒いカラスを観察したとしても、「すべてのカラスは黒い」ことを証明したことにはならない。

というのも、この命題を「真」であると実証するには、過去、現代、未来、そして宇宙のすべてのカラスを観察する必要があるからである。そんなことは不可能だ。

ところが、不思議なことに、この同じ普遍命題を反証することはできる。たとえば、「すべてのカラスは黒い」という命題を証明することはできないが、「白いカラス」を一羽でも見つけることができれば、その命題を「偽」として反証できる。

この実証と反証の非対称性を利用して、「すべてのカラスは黒い」という普遍命題を統計的に間接的に実証することができる。

まず、「すべてのカラスは黒い」という普遍命題は、先に述べたように直接実証することができない。それゆえ、その命題を実証するためには、それを否定する内容をもつ「すべてのカラスは白い」という命題（帰無仮説）を設定し、それを反証すればよい。

ここで、黒いカラスを一羽見つければ、「すべてのカラスは白い」という命題を否定することができる。この仮説の統計的妥当性が一%あるいは五%しかない場合、もとの対立仮説「すべてのカラスは黒い」という命題は、一%あるいは五%で有意ということになる。つまり、帰無仮説を反証すれば、間接的に正当化したい仮説命題（対立仮説）の妥当性が示されるということになるわけである。

このようにして、ある命題を真理として実証するためには、直接それを真理として実証できないので、まずそれを否定する帰無仮説を設定し、その帰無仮説を反証するという手続きが、仮説検定作業になる。

それゆえ、ある仮説の妥当性を検定する場合には、まず否定したい仮説（帰無仮説）を立てる。つまり、もし「AとBは関係がある」を証明したいならば、「AとBは関係がない」、あるいは「AとBの平均には差がある」を証明したいならば、「AとBの平均には差がない（等しい）」といった帰無仮説を立てる。そして、次にこの帰無仮説を反駁《はんばく》すればよいのである。

しかし、帰無仮説として「すべてのカラスが白い」という命題が反駁されたからといって、実は「すべてのカラスは黒い」という命題が真理として実証されたわけではない。この点に注意すべきである。

というのも、なお黄色や赤のカラスもいるかもしれないからである。したがって、結果として、対立仮説（証明したい仮説。ここでは「すべてのカラスが黒い」）が暫定的に受け入れられるにすぎないということだ。

この点がまさに、科学哲学者のカール・ポパーが論理実証主義を批判して、実証可能性が科学の条件ではないと指摘したことである。

それにもかかわらず、多くの平凡な経営学者はこれによって命題があたかも真理として実証されたかのように取り扱う。そして、このような統計的手法によって実証されうる命題や言明だけが有意味だと考える。

しかし、それはまったくの誤りである。普遍命題は実証されないのであり、その意味で有意味ではない。それは、単に平凡な経営学者の実証主義的なバイアスにすぎない。

以上のことを理解すると、統計的に実証されていないドラッカー・マネジメントを無意味だとはいえないことになる。というのも、実証科学の名のもとに平凡な経営学者が扱っている命題もまた、実証することはできないからである。

「論理実証主義」との類似

今日、多くの米国の経営学者は、意識的であれ無意識的であれ、実証科学的な経営学を目指している。

彼らの考え方は、かつてルートヴィヒ・ヴィトゲンシュタイン、バートランド・ラッセル、ルドルフ・カルナップたちによって展開された論理実証主義と呼ばれる科学哲学の科学観に非常に近いものである。それは、以下のようにまとめることができる。

(1) 科学的発見の論理は「帰納法」であり、科学的命題は多くの観察を通して帰納的に発見され、形成される。

(2) 帰納的に形成された科学的理論は、観察や経験によって実証され、真なる科学的理論として正当化されうる。つまり、実証的方法が科学的正当化の方法である。

（3）したがって、ある理論が科学的に有意味かどうかの境界設定基準は、その理論が経験によって少なくとも実証できる可能性があるということ、つまり「実証可能性」である。

ところが、科学哲学に詳しい人たちにとっては周知のことだが、これら論理実証主義の主張は、カール・ポパーの「批判的合理主義」によって、以下のようにすべて論理的に誤りとして反駁されている。

（1）われわれは、有限な観察から無限の内容をもつ科学的普遍命題を論理的に導くことはできない。たとえば、一万羽の黒いカラスを見ても、「すべてのカラスは黒い」という命題を帰納的に導くことはできない。というのも、一万一羽目のカラスは白や黄、赤色かもしれないという論理的可能性は残るからである。

その論理的可能性を無視して、「すべてのカラスは黒い」という真の普遍命題を導くという帰納法は真なる論理ではない。そこには、常に論理の飛躍がある。

（2）科学的な普遍言明は、観察によって真理として実証することはできない。「すべてのカラスは黒い」という自明の命題ですら、観察によって真理として実証することはできない。というのも、この普遍命題を実証するには、すべての時空間に存在している無限のカラスを観察する必要があり、それは不可能だからである。

（3）したがって、実証可能性を科学の境界設定基準とするならば、すべての理論が実証できないので、非科学的で無意味なものとなる。アインシュタインの相対性理論も他の物理学の理論も全部無意味になる。したがって、実証可能性を科学の境界設定基準と見なすことはできない。

以上のように考えると、今日、米国の平凡な経営学者によって積極的に展開されている実証主義的経営研究は科学的でも有意味でもなく、無意味なのだ。そのような研究もまた、ドラッカーのマネジメントと同様に実証されることはない。それゆえ、その研究は非科学的で無意味なものとなる。

では、目指すべき科学とは何か。それは、ポパーによって展開された以下のような批判的合理主義の科学観がいまのところ最も論理整合的であるといわれている。

(1) われわれ人間は、科学的な普遍命題を実証することはできないが、反証することはできる。つまり、「すべてのカラスは黒い」という命題は実証できないが、有限な白いカラスを見出すことによってそれを反証することはできる。したがって、経験によって反証されうる可能性のある理論が科学的だということ、つまり「反証可能性」が科学の境界設定基準となる。

(2) しかも、反証可能性という基準は有意味性の基準ではない。それは、反証可能で有意味な言明と反証不可能で有意味な言明を区別する基準にすぎない。それゆえ、この基準によれば、ドラッカーの哲学的マネジメントは非科学的ではあるが、いまだ有意味な議論として扱われることになる。

（3）このポパーによって展開された批判的合理主義の科学哲学では、科学的活動とは提出される反証可能な理論が常に批判的テストにさらされ、そしてもしそのテストに耐えるならば、その理論は真理としてではなく、放棄する合理的理由がないので暫定的に保有される。そして、もし反証されるならば、さらにより良い理論を探究することによって科学的知識は成長し、われわれの認識は進歩することになる。

（4）それゆえ、このような批判的方法こそが科学的方法なのであり、この批判的方法によって知識を絶えず成長させ、認識進歩させることが、科学の目的となる。したがって、相関命題を因果命題として実証し、正当化しているような研究活動では知識の成長も認識進歩も起こらない。

経営学のビッグ・アイディアが生まれない

本章で見てきたような、経営学の科学主義が浸透し、そうした研究が長く展開されるといったい何が起こるだろうか。それは、経営学におけるビッグ・アイディアが出てこないようになり、その結果、経営学そのものが危機的状況に陥《おちい》ることになるのである。

科学としての経営学は、経済学における利益最大化原理のような何らかの原理のもとにさまざまな因果命題を体系的に導出し、それを批判的、経験的にテストし、誤りを排除しつつ知識を成長させるような学問であるべきだ。

そして、その基本原理や法則は、帰納的にではなく、大胆な推測にもとづくビッグ・アイディアであるべきである。それは単に「こうすれば利益が出る」「こうすれば優れたリーダーが生まれる」といったように安易に相関関係の命題を羅列《られつ》することではない。

しかし、現在の誤った科学主義的で正当化主義的な経営学のもとでは、そうした相関関係の蓄積しかされず、経営学の停滞を招いているといえるのではないだろうか。

そもそも、この傾向は、実は実証経営学のはしりとなった「コンティンジェンシー・セオリー（条件付き理論）」が絶頂を迎えた一九七〇年代からすでにはじまっていた。この理論は、経営学分野には唯一絶対的に正しい理論はないという考えのもとに、ある条件のもとでは、ある特定の理論が妥当であり、別の条件のもとでは別の理論が妥当だという理論である。

たとえば、「環境が安定している状況では官僚的な機械論的組織が有効であり、環境の変化が激しい状況では柔軟で有機的な組織が有効である」という仮説や、「メンバーのレベルが高い場合には民主主義的リーダーシップが有効であり、メンバーのレベルが低い場合には独裁的なリーダーシップが有効である」といった仮説のことだ。

一九六〇年代は、この種の多くの命題が統計的に研究されていたが、やがて一九七〇年代になると、統計的な手法だけが発達して一人歩きし、単なる相関仮説が実証されていくことになったのである。

幸運にも、一九八〇年代にマイケル・ポーターが登場し、経営学説となるようなビッグ・アイディアである競争戦略論を展開してくれたために、経営学は救われた。彼は、ハーバード学派が展開したS‐C‐P（構造―行為―業績）パラダイムにもとづいて、業界の状況が企業の戦略行動や業績を決定するという考えを展開した。

Ｓ－Ｃ－Ｐパラダイムとは、業界の構造が業界内の企業の行為を決定し、それが企業の業績を決定するという因果的なフレームワークである。ポーターは、このフレームワークを利用して、企業がとるべき有効な戦略的行動を説明しようとした。

しかし、その後、同じ業界であっても異なる業績や異なる戦略的行動をとって成功している企業の存在が明らかになってきた。こうして、業界の状況が企業行動を決定するという因果論的な見方が批判されることになった。

こうした状況で登場するのが、「資源ベース論」だ。それは、企業の戦略的行動を決定するのは、その企業が置かれた状況ではなく、その企業が保有している固有の資源にもとづいているという考えである。この固有の資源が、企業の競争優位の源泉となるのだ。

しかし、この理論にも問題があった。企業の固有の資源に依存しすぎると、逆にその資源が企業の硬直性を生み出し、持続的な競争優位を確立できないことになる。こうして登場してくるのが、「ダイナミック・ケイパビリティ」というビッグ・アイディアだ。

これは環境の変化をいち早く認識し、それに対応して企業が保有している資源や知識を再構築する能力のことをいう。一九九〇年代に、このアイディアが出現したので、何とか経営学は学問として生き延びたといえるだろう。

しかし、その後、二〇〇〇年代には、「イノベーションのジレンマ」、「オープン・イノベーション」、「リバース・イノベーション」などの流行り言葉（バズ・ワード）は出ているが、いわゆるビッグ・アイディアはほとんど出されていない。現在、経営学界では、新たな学説が出現しないという危機を迎えているといえるだろう。

もちろんさまざまな命題が日々出されている。しかし、それらは小ネタばかりの現象論的な相関命題ばかりなのだ。かつて、クーンツ＝オドンネルは経営理論の多様さを「マネージメント・セオリー（理論）・ジャングル」と呼んだことがあるが、その言葉を借りれば、いまは「マネージメント・ステイトメント（命題）・ジャングル」という感じなのである。

第4章　科学的経営学が陥る「不条理」

経済合理的なマネジメントに潜《ひそ》む問題

さて、科学としての経営学を目指す「平凡な」経営学者は、社会学的な研究であれ、心理学的な研究であれ、そして経済学的な研究であれ、基本的に経済合理的なマネジメントを研究している。いかにして企業の利益を最大化できるか。いかにして株価を最大化できるか。いかにしてコストを最小化できるか。米国では、そういった経済合理的なマネジメントの研究がなされている。

実証しようとする仮説も、基本的には企業の経済的パフォーマンスに関係するような命題がほとんどである。どのような要因が企業の業績を高めるのか、組織デザインか、リーダーシップの型なのか、賃金制度や昇進制度などのインセンティブ・システムなのか、配当政策なのか。こういった問題が扱われることになる。

この観点からすると、そもそも企業の目的は利益最大化や株主価値最大化ではないとするドラッカーのマネジメントは非科学的で、企業にとってまったく役に立たないものだと思われるだろう。だから、平凡な経営学者はドラッカーを読まない。

しかし、経済合理的なマネジメントには原理的な問題が潜んでいる。たとえ、科学的方法論にもとづく科学的なマネジメントが展開されても克服できない問題がある。すなわち、科学的な経済合理的マネジメントだけでは、企業は「不条理」に陥るのである。

たとえば、効率性を追求するあまり不正を犯してしまったり、短期的な利益に目を奪われて長期的な利益を無視したり、個別利益にこだわって全体利益を無視してしまうことになる。つまり、合理的に失敗するのだ。

このような不条理に陥らないために、やはり哲学的なドラッカーのマネジメントも必要なのである。以下、このことを説明してみたい。

経済学が仮定する「完全合理性」

現代の標準的経済学であるミクロ経済学（新古典派経済学）では、すべての人間は完全に合理的であるという「完全合理性」の仮定のもとで、研究が進められている。経済学での「合理的」という言葉の意味は、人は自分の取り得るすべての選択肢とその結果を知った上で、適切に選択するということだ。つまり、全知の人間のことである（全能ではない）。

この完全合理性の仮定は、数理モデルを展開するには非常に便利である。というのも、この完全合理性の仮定と企業の「利益最大化」仮説と消費者の「効用最大化」仮説を組み合わせて、あらゆる経済学的な問題を最大値と最小値の問題に置き換えることができるからである。実際に、それをやってみせたのが、一九七〇年にノーベル経済学賞を受賞したポール・サミュエルソンであった。

現在でも、この完全合理性の仮定に立って研究を行なっている研究者は、非常に多い。特に、ファイナンス分野では、この仮定にもとづいて多くの研究者がさまざまな高度な数理モデルを展開している。そのような数理モデルの展開は、研究を科学的に見せる強い武器である。米国では、命題が統計的に実証されるか、数理モデルによって正当化されると、科学的というバイアスがあるように思える。

常識的に考えれば、人間が完全に合理的であるという仮定は、非現実的である。しかし、シカゴ大学教授で一九七六年にノーベル経済学賞を受賞したミルトン・フリードマンは、仮定の非現実性は大した問題ではないと主張した。彼によると、たとえ非現実的な仮定であったとしても、そこから現実の人間行動を推測し、最終的に現実を説明できればいいのである。

また、ファイナンスの世界では、株式市場では非合理的な人間は損失を被《こうむ》るので、最終的にそのような人々は市場から退出することになる。それゆえ、株式市場に参加している人はみな合理的な人たちであり、完全合理性の仮定はいまだ有効であるという考え方もある。その他にも、完全合理性の仮定を支持する議論はたくさんある。

もちろん、アカデミックな世界では、このような議論も素晴らしい。しかし、人間は不完全であるという事実は否定できない。それゆえ、最近では人間の不完全性を仮定し、人間の心理的な非合理的側面を取り入れて人間行動を経済学的に分析する、行動経済学や行動ファイナンスと呼ばれる新しい分野も急速に発展している。

限定合理性と経営学

さて、人間の能力には限界があることは、だれも否定できない。それゆえ、完全合理性を仮定することは非現実的であるとし、経済学を徹底的に批判したのは、一九七八年にノーベル経済学賞を受賞したカーネギーメロン大学教授ハーバート・サイモンであった。

サイモンは、経営学を科学にするためには、「限定合理性（bounded rationality）」の仮定に立って研究する必要があると主張した。彼によると、人間は完全に合理的ではないが、完全に非合理的でもなく、限定された情報の中で合理的に行動しようとするという。

たとえば、いま目の前に自動車が頻繁《ひんぱん》に走っている道路があるとしよう。いますぐにでも向こう側に渡りたいが、横断歩道まではかなり遠い。そこで、横断歩道のほうが安全だとわかっていながら、さすがにひかれることはないと思って、その場でチャンスを見計らって渡ろうとする人も多いだろう。しかし、その際に危険な思いをした人もいるのではないだろうか。

これが、人間の限定合理性である。頭の中では合理的だと思っても、車にひかれそうになったり、中には事故で亡くなったりする人もいるかもしれない。しかし、それは決して「ひかれてもしょうがない」と思ったのではない。あくまでも、人間が限定合理的だから起こる現象なのである。このような限定合理性の仮定にもとづく研究が、今日、主流になりつつある。

特に、今日、この限定合理性の仮定のもとに「新制度派経済学」、「組織の経済学」、「契約理論」のような企業の経済学分野の研究が急速に発展しており、そしてまた心理学的な経営学分野や社会学的な経営学分野でもこの仮定が受け入れられ、新しい研究が展開されている。

では、この人間の限定合理性の仮定を受け入れると、具体的にどのような議論が展開されうるのか。まず、人間が不完全であるということは、人間がどんな行動をとっても無駄、すなわちコストが発生するということである。つまり、限定合理的な人間行動には、常にコストが伴うということである。それゆえ、限定合理的な人間世界には、「フリーランチ（タダ飯）」はない。この点が重要である。

そして、限定合理的な人間は、このコストや無駄を節約するように、経済合理的に制度やルールを形成しようとする。それゆえ、さまざまな制度やルールによって、人間の不完全性や限定合理性が生み出す経済非効率性が緩和される。

つまり、経済合理的な制度やルールや仕組みを形成し導入することによって、資源はより効率的に利用されることになるということである。こういった議論が、今日、さまざまな形で展開されている。

しかし、残念ながら、経済合理性だけを追求すると、以下のような不条理に人間は導かれることになる。

経済合理的な人間が陥る不条理とは

限定合理的な人間が経済合理的に行動しようとすると、必然的に不条理に陥ることを説明するために、ここでは原子力発電所をめぐる「完全安全性」の問題について考えてみたい。

福島第一原発の事故では、堤防の低さや、浸水時の電源確保がなされていなかったことなどが原因となったことは記憶に新しい。

いま、原子力発電所をめぐって完全な安全性を確保するためには、多くの安全対策制度や安全対策設備を整えて従業員をコントロールすればよいと考えられる。しかし、すべての人間は限定合理的なので、たくさんの安全対策制度を形成したり、さまざまな安全対策設備を導入したりすることは、非常に困難である。

特に、完全な安全対策制度や完全な安全対策設備を導入するには、莫大なコストが発生するだろう。また、たとえそのような制度や設備を形成し、導入しえたとしても、そのような完全な制度に従業員が従い、完全な設備を完全に稼働することそれ自体にもコストがかかる。

それゆえ、安全性をめぐってコストを最大化するよりも、多少緩《ゆる》い制度を採用し、いくぶん不完全な安全装置を導入したほうが、経営者にとっても従業員にとっても経済合理的となる。つまり、安全性をめぐって手抜きをするほうが経済合理的だという不条理に陥ることになる。

このことは、完全安全性と経済合理性が一致しないことを意味する。経済的に最適安全性を求めるならば、完全安全性を放棄する必要がある。逆に、完全安全性を求めれば、最大のコストを負担する必要があり、それゆえ経済非効率的となる。

つまり、人間は不完全なために、たとえ完全安全性を達成するために必要な制度をたくさん形成し、多くの安全装置を導入したとしても、それらの制度に従って行動し、多くの装置を完全に操作することそれ自体にコストがかかってしまうので、やがて「ある作業プロセスを省略したい」とか、「この制度に従いたくない」と思うようになる。というのも、それが経済合理的だからである。

実際、原子力発電所内では相当細かい規則やルールがある。そのような事細かなルールに厳密に従って行動していると、多大なコストがかかるので、やがて従業員はそれらのルールを無視する、あるいはルールを省略したほうが合理的と考えるようになるだろう。人間は、こういった不条理に陥るのである。

この経済合理性と完全安全性の不一致は、図を用いてより明確に説明できる。いま、縦軸をコストとし、横軸を原発事故が起きないような安全性、すなわちそのために導入される制度数や安全対策設備数だとしよう。

人々が守らなければならない安全対策制度をどんどん導入していけば、もちろん安全性は高まるだろう。また、多くの安全装置を導入すれば、それだけ事故発生確率は低下するだろう。それゆえ、安全性を高めるために制度をどんどん形成し、安全装置をどんどん導入していけば、事故が起こる確率は低くなる。

したがって、図のように原発事故をめぐるリスク負担コストは右下がりに低下するだろう。しかも、より効果の高い制度や設備から導入するので、曲線は下に凸となる。

ところが、制度や装置を形成し導入すれば、同時にその形成・導入コストもまた発生する。制度や装置を多く導入すれば、それだけ形成・導入コストは上昇するので、図のようにそのコスト曲線は右上がりになるだろう。この場合、より効率的な制度や設備から導入されていくので、曲線は下に凸となる。

これら二つの曲線を加えたものが総コストであり、安全性を高める場合、総コスト

経済合理性と完全安全性の不一致

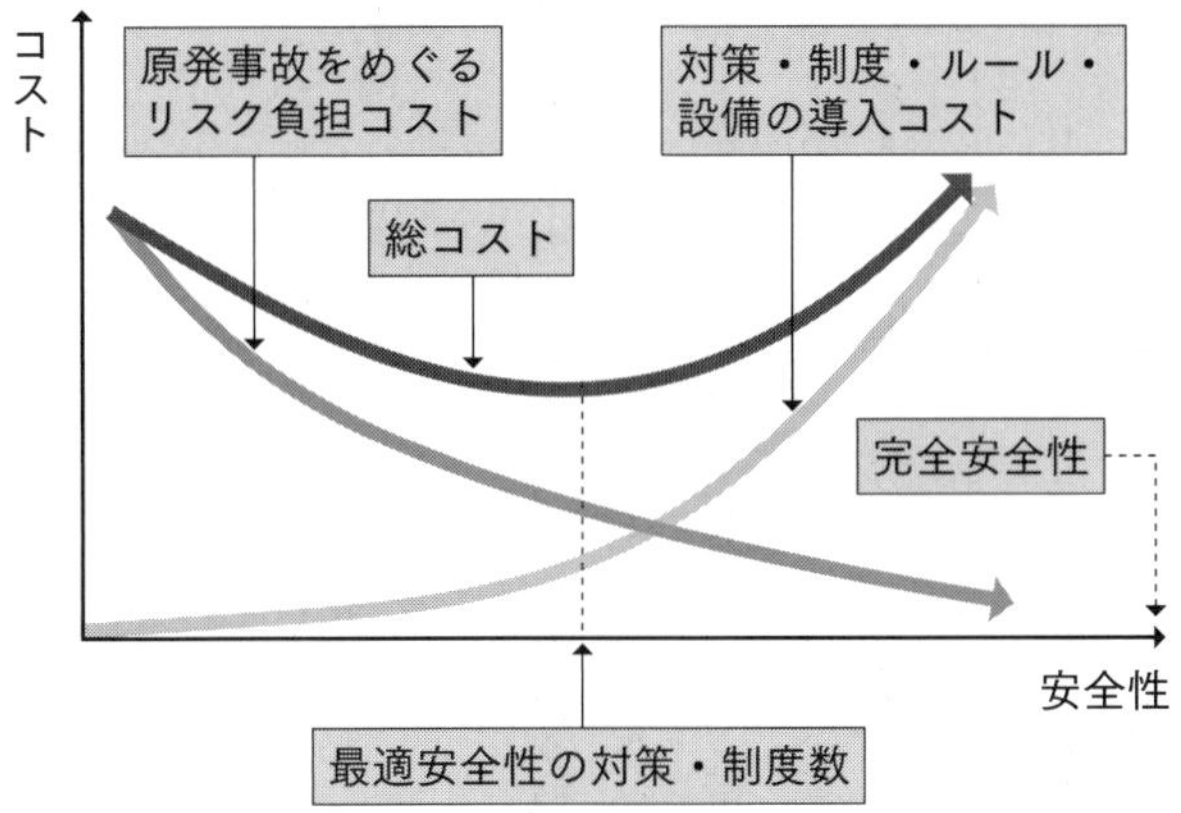

は図のように下に凸の曲線になる。この曲線で最小コストとなる点は、点線で示した箇所になる。それゆえ、経済的に見て最小コストとなる最適安全性と完全安全性をもたらす制度や装置数が異なることがわかる。つまり、完全安全性と最適安全性は一致しないのである。

このことは、人間は経済合理性を追求するかぎり、より安全性の高い方向には進んで行かないということ、それゆえどこか適当なところで安全性の追求をやめたほうがコストの観点からすれば、きわめて経済合理的になるということである。

ここで、この「安全性」の代わりに「正

当性」や「倫理性」という概念に置き換えても同じことがいえる。経済合理的な人間は完全に正しいことや完全に倫理的なことをしようとはしない。というのも、正しいことばかりしていると、逆に多大なコストが発生してしまうため、経済的に非効率的になるからである。こうして、人間は、多少、不正を犯したほうが経済合理的だという不条理に陥ることになる。

なぜ、ドラッカーのマネジメントが必要か

平凡な経営学者の議論に従い、企業経営者が経済合理性を追求し、経済合理的マネジメントを展開すると、企業が一見発展するように思える。しかし、これまでの議論から明らかなように、実はそうならない。

たとえば、経営者が徹底的に経済合理性を追求すると、企業内のメンバーは果敢にイノベーションを起こそうとはしなくなるだろう。イノベーションを生み出すような活動は、リスクも伴う。そのリスクを負担するコストは非常に高いので、経済合理的なマネジメントのもとでは、だれもその高いリスク負担コストを背負うことはしな

い。特に、優秀な人材ほどイノベーションを起こそうとはしなくなる。

このように、経済合理的マネジメントを徹底すると、一見、企業は成功し、企業はより発展するように思えるが、実はそうはならない。むしろ、イノベーションが合理的に抑制され、適度な安全性に留まり、適度に不正を犯したほうが合理的といった不条理に陥ることになるのである。そうした企業の従業員は経済的な合理性を追求するために、安全性を無視し、リスクを避け、イノベーションを起こさないことになるだろう。

平凡な経営学者やコンサルタントの助言に従って、経営者が経済合理的マネジメントだけを展開すると、いつかどこかで正当性を無視して経済合理性を追求し、長期的利益を無視して短期的利益を追求し、全体を無視して個別合理性を追求して失敗するような不条理に陥ることになる。

このような不条理に陥らないために、実は科学的な経済合理的マネジメントとは別のマネジメントが必要なのだ。その一つが、ドラッカーが展開している哲学的で人間主義的マネジメントなのである。

ドラッカーの人間主義的マネジメントは、非経済合理的で、一見、役に立たないように思える。しかし、経済合理的マネジメントには、ドラッカーのような人間主義的マネジメントが補完的に必要になることを、以下の章で順次説明していきたい。

第Ⅱ部　ドラッカーの経営学を読む

第5章　ドラッカーの生《お》い立ち

非科学的ドラッカー経営学の魅力

日本の経営者やビジネス・パーソンには、ドラッカーの愛読者が少なくない。

今日、一般的に、ドラッカーというと、自己啓発書、もっと言えば、儲けるため、あるいは「できるサラリーマン」になるためのテクニックやノウハウを教えてくれる人といった、何か軽いイメージが強いように思える。また、「マネジメントの父」、「コンサルタントの神さま」という言葉を思い浮かべる人も多い。まさに、経済合理的なマネジメントの象徴のように思う人もいるだろう。

そのため、不況で経営が苦しくなると、何とかして会社を立て直すために、藁《わら》をもつかむ思いでドラッカーの本を手にする経営者もいるだろう。成果を上げて、できるだけ早く出世したいと思っている中堅のサラリーマンなどが思わず、彼の本を手に取ってしまうのかもしれない。

しかし、ドラッカーの本に目を通した人はだれでもわかるように、どこにもお金儲けの話は書いてない。そして、彼の本は思った以上に難しく、何が書いてあるのかすぐにはわからない。これが正直なところだろう。

ドラッカーの著作の多くは、実はきわめて哲学的で難解なのである。特に、初期の彼の著作は難解であり、ほとんどの人が解説書を必要とするだろう。それゆえ、そのイメージとのギャップの大きさに驚く人も多い。

他方、科学主義に毒された平凡な経営学者にとって、ドラッカーの経営学はきわめて非科学的でナンセンスに見えるのだろう。それは、経験的な証拠（エビデンス）のない無意味な主張であり、厳密性に欠け、そして宗教的な香りすらするものかもしれない。そんな非科学的なものを研究するヒマはないというのが、現代の経営学者の大多数が思っていることだ。

実際に、米国だけではなく、日本でもアカデミックなレベルでドラッカーを取り上げている研究者は非常に少ない。

しかし、経験科学的ではないから無意味という議論は、先の章で見たとおり、かなり乱暴な議論である。そのような研究者は、たいてい、科学哲学を十分理解しておらず、研究者として未熟である。非科学的であっても、なお哲学、思想、倫理などは価値があり、非常に重要な学問分野である。

科学的思考はもちろん大切である。だが、科学は解ける問題だけを解き、解けない問題や難しい問題を捨ててきた、あるいは保留する側面がある。科学によって解けない問題領域は、いまだにたくさんある。まさに、ドラッカーの議論は科学ではなく、哲学なのである。

では、ドラッカーが経営学の創始者、泰斗《たいと》としてこれほどまでに尊敬され、わが国でも長く読み続けられているのは、一体どうしてなのか。彼のマネジメントの魅力、そして問題意識はどこにあるのか。そのことを理解するために、まず彼の生い立ちから説明していきたい。

ドラッカーの生い立ち

ドラッカーを純粋な米国人だと思っている人はいまだ多い。しかし、ピーター・フェルディナント・ドラッカー（一九〇九～二〇〇五）は、ウィーン出身のオーストリア人である。

彼は二十世紀の初頭、オーストリア＝ハンガリー帝国の首都であるウィーンに生まれた。後に、アメリカ国籍を取得するのだが、生粋《きっすい》のヨーロピアンである。はっきりしたことは不明なのだが、祖先はオランダにいたポルトガル系ユダヤ人なのではないかといわれている。

父親のアドルフは、ハプスブルク帝国の経済省の高官であった。また、母キャロラインは銀行家の娘であり、若い頃、当時としては珍しい女医であった。両親は二人とも、有名なウィーン大学を卒業した上流階級の人々であった。

上流階級の家庭で育ったドラッカーは、両親が毎週のように開くサロンやパーティの席で、当時の有名人たちにたくさん会っていた。たとえば、ドラッカーは幼いとき精神科医のジークムント・フロイトに会っており、強烈な印象をもったことを自伝で告白している。また、フリードリヒ・フォン・ハイエク、後のチェコスロヴァキア初代大統領となる政治家トマーシュ・マサリク、そしてヨーゼフ・シュンペーターにも会っている。

特に、シュンペーターは、政府高官だったドラッカーの父親とは非常に仲が良かった。まさに、ドラッカーの父が育てた経済学者の一人でもあった。

しかし、おそらくドラッカーが一番好きだったのは、経済人類学者のカール・ポランニーだったと思われる。大学入試のために書いた論文が経済季刊誌に掲載されることになり、その編集会議に呼ばれたドラッカーは、当時、その副編集長であったポランニーとすぐに意気投合したのである。

ドラッカーは、他にも著名な人々と会う機会があり、幼少のときから両親が開くパーティが本当に好きだったのだ。毎週開かれるサロンで、ドラッカーはノーベル文学賞を受賞したトーマス・マンの朗読なども聞いたりしている。

ヨーロッパにおける自由の伝統

では、このようなヨーロッパの知識人たちから、ドラッカーはいったい何を学んだのか。彼が学んだのは、ヨーロッパの伝統だと彼が断言する「人間の自由」であり、その尊厳だったのである。彼は、それを幼少期から体に沁《し》み込ませていた。そして、何よりも、当時のウィーンという街全体が、そういう雰囲気に包まれた場所だったのである。

もちろん、いまでもウィーンはとても優しく、自由な雰囲気が漂《ただよ》う不思議な街だ。私自身もウィーンに行って、科学哲学で有名なヴィトゲンシュタインがよく通ったといわれているカフェに入ったことがあるが、いつも時間の流れがゆっくりしていて、とても素晴らしい所であった。

ドラッカーは、ウィーンのギムナジウム（上流階級の子弟が通う中高一貫校）を卒業後、ドイツのハンブルクにある貿易商で事務見習いとして就職した。ドラッカーは、もともと大学に行く気はなかった。しかし、政府高官でしかも名門ウィーン大学出身の父の気持ちを汲《く》んで、結局、ドイツのハンブルク大学法学部に入学した。

さらに、ドラッカーはハンブルクからフランクフルトに転居し、フランクフルト大学法学部に編入する。そして、学生生活を続けつつ、米国企業の証券アナリストとしても活動していた。

その後、ドラッカーは地元夕刊紙「フランクフルター・ゲネラル・アンツァイガー」（フランクフルト日報）の経済記者になるとともに、フランクフルト大学の助手に採用され、国際法の博士号も取得した。そして、当時、大学のゼミナールで教授の代講などもしていた。そのゼミナールに、後に彼の妻となるマインツ出身のドリス・シュミットがいたのである。

ナチス全体主義の台頭

ところが、ドラッカーが受け継いだヨーロッパの自由を踏みにじる人物が登場してくることになる。それが、ヒトラー率《ひき》いるナチス・ドイツであった。当時、新聞記者であったドラッカーは、窮迫《きゅうはく》したドイツの政治経済の救世主として台頭してきたナチスに早くから注目していた。そして、その党首であったアドルフ・ヒトラーやその宣伝担当であったヨーゼフ・ゲッベルスらに会って、インタビューも行なっていたのだ。

一九三三年一月、ヒトラー率いるナチス党がついにドイツの政権を取り、これまで公言していた「反ユダヤ主義」を露骨に実行しはじめた。そして、その後、一九三八年にナチス・ドイツによって、ドラッカーの故郷であるウィーンはあっという間に占領されることになる。ナチス・ドイツは個人の自由を無視して全体主義に従わせようと、ヨーロッパ全土を支配していった。

自由な雰囲気で満ちていたウィーンの街は完全に崩壊した。そして、これによってドラッカーの家族もバラバラになる。また、サロンで自由を語り、自由を実践していた多くの知識人たちもまた散り散りになってしまった。知人の上流階級の人々の中には、その後、自殺など、不幸な人生をたどった人たちも多かったようだ。

当時、ヒトラーが最も重視していたのは、ゲルマン民族の優位性であった。ゲルマン民族、アーリア人の民族的優秀性を科学的に証明し、それを前面に押し出そうとしていた。そして、その民族精神であるドイツ・ガイスト、つまりドイツ精神が最も価値があり、すべてでもあった。

ここで、全体主義とは何かを考えてみたい。よく聞くが、実は意外に理解することが難しい言葉である。全体主義とは一言で言えば、世の中で唯一存在価値があるのは全体だというシンプルな価値観であり、存在論である。

この全体主義の教説によると、世の中で唯一、存在価値があるのは全体だけなので、この全体と関係のないどんな個人も何の存在価値もないということになる。それゆえ、個々人がその存在価値を得るためには、全体の中に含まれなければならないという思想である。

そして、その全体の存在価値が高まれば、そこに含まれる個人の存在価値も必然的に高まることになる。したがって、全体の存在価値を高めるために、個々人は全体の犠牲になるべきだということ、これを個々人に要求することになる。

このような全体主義思想は過去の単なる歴史的遺物であり、遠い昔の話だと思ってはいけない。実は、いまでもいたるところに存在している。われわれは生活する上で、必ずと言っていいほど何らかの組織に属している。そして、組織においては、常にこの全体主義思想がどこかに潜んでいる。

たとえば、私の場合、慶應義塾大学に属している。もちろん、どこにいようと、私は経営学者としていられるかもしれないが、もしかしたら大学から離れたら、学者として認めてもらえない可能性もある。この場合、私個人には何の存在価値もないということになる。

しかし、慶應義塾大学という「全体」の中に位置づけられていることによって、私は経営学者として評価され、個人としての私の存在価値が生まれてくる。すると、私にとって慶應義塾大学は「すべて」になるのである。

それゆえ、自分が所属する慶應義塾大学という全体としての存在価値をさらに高めれば、そこに含まれる私の存在価値もまたさらに高まることになる。ならば、自分が含まれる全体としての慶應義塾のために、個としての自分を犠牲にする必要があるということ、これが全体主義の考えなのである。

こうしてみると、高度成長期の「モーレツ社員」はいうに及ばず、現代のビジネス・パーソンでも、これと似た考えをもっている人は少なくないのではないか。

「全体主義的」な思想を、知らず識《し》らずのうちに受け入れている日本人はいまでも意外に多い。特に、日本のように同じ企業に長く所属している人が多い社会では、全体主義的な思想はどこかで生き続けている。日本では、有名企業の社員でないと、なかなか信用されないことが多い。もし、どこの組織にも属してないならば、仕事上で別の会社の上層部の人たちと会うことは非常に難しい。

このように、個人よりも全体が大事だという全体主義を、個人の自由を尊重していたウィーンの人々に、ナチス・ドイツのヒトラーが押し付けてきたのである。

英国への逃亡

もちろん、当時のヨーロッパの知識人や企業経営者たちの中には、この全体主義思想に疑問を抱いていた人もいた。しかし、多くの人々はナチス・ドイツの強制に従った。その思想が変だと思っていても、反発する者は誰もいなかった。そして、そのような光景を見た若きドラッカーは、強いショックを受けることになる。

先に説明したように、当時、ドラッカーはフランクフルト大学の助手でもあった。

ドイツでは、フランクフルト大学はいまも昔もリベラルな学風を誇り、当時、ドイツにおける自由と民主主義の牙城《がじょう》であった。そこで、ドラッカーは衝撃的な光景を目にすることになる。

ヒトラー政権が誕生してから数週間後、フランクフルト大学では助手を含む全教官が集められ、拡大教授会が開かれた。そのとき、ナチスの政治指導員が会議の議長を務めていた。そして、その場で「ユダヤ人の学内への立入を禁止し、ユダヤ人教員全員を即刻解雇する」と宣言した。そのとき、その教授会にはノーベル賞クラスの教授が多数いたにもかかわらず、誰もこれに反論しなかったという。

ドラッカーによると、反論するどころか、むしろ彼らはナチスに迎合したという。この光景を見たドラッカーは、非常にショックを受けた。そして、その後、ただちにフランクフルト大学助手と新聞社を辞めて、故郷ウィーン行きの列車に飛び乗った。

みんな、ナチスがおかしいと思っているのに、なぜそのような強制に迎合するのだろうか。結局、みな抵抗せずに迎合したほうが楽だし、コストも低い。すなわち、そのような行動は経済合理的な行動だったのである。抵抗するとコストがあまりにも大きいので、黙っていたほうが得だ。正しいことを追求するよりも、多少正しくなくてもそのほうが楽なので、経済合理的にどうしてもそちらの方向に行ってしまうわけである。

しかし、ドラッカー自身は、このような経済合理的行動を許すことができなかった。そこで、若きドラッカーは、この不条理を解決するために、いまこそヨーロッパの伝統である意志の自由・自律を行使し、戦わなければならないと強く思ったようだ。

先にも述べたように、彼は比較的早い時期からナチスの台頭とその危険性を感じており、すでに反ナチスの論文を書いていた。その論文が、偶然、有名な出版社から出版されることになった。しかし、それはナチスの目にとまり、ナチスはこれを認めず、すぐにその論文は発禁処分になった。ドラッカーは身の危険を感じた。その後、彼は英国へと脱出することになる。

英国に渡ったドラッカーは、仕事のかたわら、金曜日の夕方になると、ケンブリッジ大学で、二十世紀最高の経済学者といわれていたジョン・メイナード・ケインズの講義を聞きに行っていた。そして、そこで彼が学んだのは、結局、経済学が商品の動きに関心があるのに対して、自分の関心は人間や社会にあるということだったと述べている。

そして、ある日、偶然、ロンドンでドイツの大学時代に自分が所属していたゼミナールの学生だったドリス・シュミットという女性に出会うことになる。当時、彼女はロンドン大学の大学院に留学していたのである。こうして、一九三七年、ドラッカーは彼女と結婚し、その後、英国を離れ、さらに自由な国、米国ニューヨークへと旅立つことになる。

ニューヨークでの著作デビュー

さて、ドラッカーは、ニューヨークでヨーロッパの伝統である人間の自由を取りもどすために、積極的に執筆活動をはじめた。

当初、「フィナンシャル・タイムズ」などの英国の大手新聞社に米国発のリポートを送る契約を結んでおり、また逆にヨーロッパの情勢についての原稿を「ワシントンポスト」などに売ったりしていた。さらに、ニューヨーク州にあったサラ・ローレンス・カレッジで非常勤講師として経済学と統計学も教えていた。

ドラッカーというと、どうしても統計学とは無関係のように思えるが、実はそうではない。彼は証券会社に勤めているとき、実は統計を駆使して株式市場を分析していた。ところが、一九二九年の大恐慌で大損失を出し、統計学がまったく役に立たないことを認識し、そのことで彼は統計学を信頼しなくなったようだ。

ところで、ナチス・ドイツから逃れるように英国へ渡り、そして新しい世界を求めて米国へと渡ってきたドラッカーは、ずっと一つの問題意識をもちつづけていた。それは「なぜファシズム／全体主義が出現したのか」ということであった。

彼は、処女作『「経済人」の終わり』（一九三九年刊）で、その問いに答えた。「古いブルジョア資本主義社会が崩壊し、その後に人間の自由を基礎とする社会が形成されなかったために、民衆は絶望し、矛盾に満ちたナチスにすがったからだ」というのが、その答えであった。しかも、この本は、やがてナチスがユダヤ人の抹殺に乗り出し、ドイツとソ連が連携することになることも予言していた。そして、その予言が的中してしまったのである。

幸運にも、この本は後の英国首相ウィンストン・チャーチルの目にとまり、英国の高級紙「タイムズ」に彼による書評が掲載された。その結果、この本は注目を浴び、よく売れた。これは、運命だった。ウイットに富んだチャーチルは、士官学校の卒業生に、このドラッカーの本とルイス・キャロルの『不思議の国のアリス』を贈ったともいわれている。

さらに、ドラッカーが書き上げた二作目の著作は、『産業人の未来』（一九四二年刊）であった。この本では、まだ第二次世界大戦は終わっていなかったが、米国の参戦によって勝利を確信したドラッカーは、ファシズム全体主義が二度と出現しないように、できるだけ早く新しい自由な産業社会を形成すべきだと主張した。これは、処女作にもとづく提案であった。

しかも、この本で、ドラッカーはそのような自由な産業社会を形成するのは、政府や政治家や官僚や知識人ではなく、「企業経営者」であると断言した。米国の参戦により、ナチスのファシズム全体主義との戦いに勝てると確信したドラッカーは、来《きた》るべき時代について考えていた。

そして、その新しい時代とは「自由な産業社会」であり、「企業組織の時代」であった。ドラッカーは、この新しい産業社会の担《にな》い手は他でもなく、「企業経営者」だと確信していた。企業経営者たちが新しい自由な社会を創り、何よりもそのような新しい社会は、自由な企業人たちによって支えられるのだという部分が非常に重要な点なのである。

「マネジメント」との運命の出会い

このドラッカーの熱いメッセージに耳を傾けていたのが、当時のゼネラル・モータ一ズ（GM）の副社長であった。それは、ドラッカーにとっては実に幸運なことであり、運命でもあった。GMからドラッカーに調査研究依頼があったのだ。

当時、政治から企業経営へと関心を移しはじめていたドラッカーにとって、それは非常にラッキーな依頼であった。というのも、当時、彼はいろんな企業に調査をさせてくれるように依頼していたが、ほとんどすべての企業に断わられていたからである。

このＧＭの調査は、ドラッカーのコンサルタントとしての初めての仕事でもあった。これを機に、ドラッカーは完全にマネジメントの世界に入ってきた。そして、その調査研究の成果として書き上げたのが、三作目の著作『企業とは何か』（一九四六年刊）であった。この本は、ドラッカーの予想を遥かに超えて、超ベスト・セラーになった。そして、ドラッカーの名前は全米中に知れ渡ることになった。

この本で、ドラッカーは現代社会の代表的な存在は企業、特に大企業だと明言した。しかも、この本で、ドラッカーは「企業に対して政治学的アプローチをしたい」とも述べている。というのも、ドラッカーは、企業は現代社会の代表的存在であり、それゆえ企業の経営者も従業員もみな自由人となることによって、目指すべき自由な産業社会が実現されると考えたからである。

ドラッカーは、企業の経営者、ミドル・マネージャー、ロアー・マネージャー、従業員がみんな自律的で自由人になることによって、最終的に目指すべき自由な産業社会は実現できると主張した。したがって、このような自由な社会が形成されるならば、人間の自由を無視し、人間の尊厳を踏みにじるような全体主義的社会は二度と現われることはないと考えた。

このように、ドラッカーが企業のマネジメントに着目したのは、お金儲けがどうこうといった小さい話ではなかった。むしろ、自由な産業社会の形成というきわめて政治的な目的が、そこにはあった。この目的を達成するための手段として、ドラッカーが選んだのが、企業のマネジメントだったのである。

当時、ドラッカーはバーモント州にあるベニントン大学で教鞭《きょうべん》をとっていた。彼の扱うテーマは広く、政治、経済、歴史、哲学であった。その同僚には、『自由からの逃走』で有名な精神分析学者エーリッヒ・フロムや、ドラッカーがベニントン大学に紹介した経済人類学者カール・ポランニー、さらにモダンダンスのマーサ・グレアムらがいた。妻のドリスも、ベニントン大学で数学と物理の勉強をしていた。すべてがうまく回りはじめていた。

GMスローン社長との確執

ところが、世の中そんなに甘くはなかった。ドラッカーの著書に対して批判的な大物がいた。それが、ＧＭのアルフレッド・スローン社長であった。

彼は、まさにドラッカーにコンサルの依頼をした尊敬すべき人物の一人であった。そのＧＭの社長が、ドラッカーの著書を嫌っていたのである。だから、スローンは、社内にドラッカーの本を置くことはなかった。それは、ドラッカーをいたく傷つけた。

スローンにとって、ドラッカーの本のいったいどこが問題だったのか。

ドラッカーは、この本の中で労働者を機械のように見なし、単なるコストとして扱うべきではないと主張した。労働者もあたかも経営者のように考え、生産方法の改善や新しい生産方法について議論すべきであるという。彼らに、お金を与えるだけでは十分ではないのだと述べている。この本の対象はＧＭだったので、それはすなわちＧＭのマネジメントに対する批判のようにも聞こえた。

しかし、ドラッカーが言いたかったのは、ＧＭへの批判ではなく、従業員に仕事と製品に対して、人間としての誇りをもたせなければいけないということであった。

ところが、スローンは、このドラッカーの主張を嫌ったのである。彼は、生産方法を改善するのは、基本的にマネジメント層の仕事であり、それが自分たち経営陣の専門なのだと考えていた。そして、それこそが自分たちのようなトップの人間の仕事であって、それを従業員に任せるということは自分たちの仕事を放棄していることになると主張したのである。

このGMのスローンとドラッカーは、根本的にどこが違っていたのか。まさに、ここに、ドラッカーのマネジメントの究極的な本質が存在している。その違いについて、少し詳しく説明してみたい。

GMのスローンの考えるマネジメントは、今日、われわれが大学等で学ぶきわめて教科書的で理路整然とした経済合理的マネジメントであった。企業の目的は、株主のために利益最大化することであるというものである。

スローンにとって、社会貢献活動などまったく関わりのないことだった。利益を最大化するために、経営者も経営管理者もできるだけ効率的な生産方法を考案し、それを採用するかどうかをトップが決定する。次に、その決定のもとで、従業員が決められた生産方法に従って忠実に働く。そして、その結果として、その働きに対して従業員は給与が与えられ、残り物の利益は株主に還元されることになる。

これがスローンの考える経営、マネジメントであった。これこそが自分たちの会社GMが何十年もかけて普遍的に確立してきた科学的経営学なのだと主張した。

これに対して、ドラッカーは、この時代からすでに企業の目的は利益最大化ではなく、社会に対しても貢献しなければならない、と主張していた。ドラッカーはこのスローンの考え方に反し、従業員に単にお金を与えるだけのマネジメントではダメなのだと主張する。従業員も一人ひとりが、あたかも経営者のような立場から企業に積極的に自律的に参加しなければいけないとした。

そして、ドラッカーは、こうもいった。スローンはGMが社会貢献にはまったく関心がないし、これまでも貢献してきたことはなかったとしているが、実はGMはこれまでたくさんの社会貢献活動を行なってきた。しかも、GMの社長が述べているほどGMは集権的ではなく、実は事業部制のもとに分権的管理が展開されてきた。そして、そこにGMの強みがあると主張したのだ。

経営学界からの批判と実務界からの評価

ここで、興味深いのはドラッカーの本に対する学界からの批判である。この点は、いまも昔も同じなのだ。ドラッカーの著書『企業とは何か』は、全米でベスト・セラーになり、ここで述べられている「分権制」がまさにブームとなった。

しかし、学界からはミクロ経済学を使っていない非理論的な本として厳しく批判された。また、彼の主張には統計的な裏付けもない。したがって、いまとまさに同じように、それは科学的ではなく、単なる評論という批判にさらされたのである。

しかし、実務界の反応は、これとは異なっていた。フォード社は、この本を教科書に指定し、この本に書かれている分権制組織を採用し、経営組織の再編成を行なった。また、ゼネラル・エレクトリック（GE）社もこの本を教科書として採用した。

しかも、GEはドラッカーとコンサルティング契約を結び、ドラッカーの主張する分権制組織を導入した。その後、経営不振だったGEが大きく業績を伸ばしたため、分権制組織にさらに多くの関心が集まり、米国では組織改革ブームが起こった。

そして、ドラッカーの主張する分権化は、公的機関、NPO団体にまで広がっていった。大学改革や軍隊の改革、ニューヨークの教会の組織改革にも応用されるなど、ドラッカーの本は非常に大きな影響力をもたらしたのである。

ニューヨーク大学へ

ドラッカーは、一九四九年にバーモントを離れ、米国で最も有名な大学の一つであるニューヨークのマンハッタンにあるコロンビア大学で教鞭をとることになっていた。しかし、講義の下準備のためにコロンビア大学を訪れたところ、財政難を理由に学長が契約書にサインをしなかった。

絶望の中、ドラッカーが地下鉄の駅に向かっていると、偶然、ニューヨーク大学のビジネススクールで教えている知人に出会った。彼によると、ニューヨーク大学では新しくマネジメント学科を立ち上げるので、教員を探していたのだという。そして、幸運にも、ドラッカーはその場でニューヨーク大学の教員として採用されることになる。

その後、ハーバード大学からの誘いもあったが、ドラッカーは一九七一年にクレアモント大学に移籍するまで、ニューヨークのダウンタウンにあるこのニューヨーク大学で教えることになる。

個人的なことだが、私も三〇代のとき、一年間ニューヨーク大学に留学していたのだが、この大学はいまでもドラッカーやオーストリア学派の強い影響を残している。もちろん、学内の書店には、ドラッカーの本が並んでいる。

その後、ドラッカーのもとに、次々とコンサルタントの仕事が入ってくるようになった。ある日、GEの副社長と会社組織の改革について話をしているとき、改革に関する報告書を作成する部署を何と呼べばいいのかということになった。

そして、生まれたのが「経営コンサルタント部」であった。いまでは、当たり前のように使用されている「経営コンサルタント」という言葉だが、このとき発明された用語なのだ。

その後、ドラッカーは後の世界的コンサルティング・ファームになるマッキンゼーの創始者マービン・バウワーにコンサルティング業について教える機会を得た。このとき、バウワーからマッキンゼーを何と呼んだらいいのかと聞かれ、コンサルティング・ファームと答えたといわれている。

このように、「コンサルティング」という言葉はドラッカーによって創られ、マッキンゼーによって広められたといっても過言ではない。

さて、一九五四年、ドラッカーの代表作『現代の経営』という本が出版された。この本こそが、マネジメントという言葉の火付け役となった。そして、その後の成果をまとめたのが、『マネジメント』（一九七三年）という本であり、これが、彼の著作の集大成となる。

以後、ドラッカーはたくさんの本を書いているが、おそらくそのほとんどがライターの書いたものではないかと私は推測している。それゆえ、個人的にはそこにドラッカー経営学やドラッカー・マネジメントの本質はないと考える。やはり、初期の著作にこそ彼の思想の本質が埋め込まれているように思える。

ドラッカーは、二〇〇五年十一月十一日、九六歳の誕生日を前にして永眠した。その死に対して、米国の「ニューヨーク・タイムズ」紙は「社会・マネジメント理論のパイオニア」と評し、英国の「エコノミスト」誌は「二十世紀最高のマネジメント思想家」と称《たた》えている。生前は、いろいろと批判されたが、存在感の大きい人物であったことは否定できないだろう。まさに、ドラッカーは「ミスター経営学」であった。

第6章　ドラッカー経営学の目的とは

ドラッカーの本当の目的

　これまで説明してきたように、ドラッカーのマネジメントの最終目的は、単に企業経営の話だけにとどまらない。彼のマネジメントの究極的な目的は、その生い立ちからも推測できるように、自由な産業社会の形成であった。つまり、彼の目的は政治的だったのである。それは反ナチスであり、反全体主義であった。

　二度とナチスのような全体主義が台頭してこないようにするには、どうしたらいいのか。第二次世界大戦でドイツが敗北し、ナチス全体主義が崩壊しても、ドラッカーは安心していなかった。なぜならば、新しい自由な産業社会が形成されていないと、その隙間から再び全体主義が登場する可能性があると思っていたからである。

ドラッカーは、戦後もスターリン率いるソ連を、本質的にはナチス・ドイツと同じ全体主義だと見なしていた。それゆえ、ドラッカーはソ連を恐れていた。彼は、ソ連が再びナチスのようになるのではないかと不安を抱き、常に敵対意識を持ち続けていた。

晩年のドラッカーはいわゆるビジネス書、自己啓発書の方向に向かったかもしれない。しかし、彼の生涯の敵は、一貫してナチスとソ連、すなわち全体主義であった。

それゆえ、一九八〇年代に、多くの米国企業の最大株主としてさまざまな公的年金基金の名前が出てきたとき、ドラッカーはだれよりも早くこの事実に反応し、警戒した。米国が共産主義化あるいは全体主義化しているのではないかと心配したのである。ただ、それはドラッカーの誤解であった。

自由な産業社会を形成するという政治的目的を達成するために、ドラッカーが選んだのは現代企業であった。特に、米国における自由な企業経営者たちの存在に注目した。ドラッカーによれば、現代社会の代表は企業であり、企業が自律的で自由な活動を展開することによって、自由な産業社会が形成されると確信していた。

そして、企業を自律的な存在にするために、ドラッカーはヨーロッパで学んだ「人間の自由と責任の原理」を、現実の企業経営に持ち込もうとしたのである。

経営に必要な「真摯さ」

自由社会を形成するとか、自由な産業社会を構築するとか、そんな大きな政治的な話はどうでもいい、経営学なんてお金儲けの方法でいいのではないのかと思う人も多いかもしれない。

しかし、そのような考えは、ビジネス・パーソンとしては甘い。企業、特に大企業は社会的存在であり、政治的存在でもある。さまざまな利害関係者が企業に関わっており、株主様のためにお金儲けだけをすればいいというものではない。このことを、すでに多くの人々が理解している。

もし企業の目的が単純にお金儲けならば、企業は何のためらいもなく、地雷を作ろうとするし、化学兵器も作るかもしれない。アダルトビジネスにも躊躇《ちゅうちょ》なく参入するだろう。

しかし、今日、そういったことを考えている大企業のトップはほとんどいない。なぜか。やはり企業はお金儲けのための単なる道具ではないからである。そのことを明確に語っていたのが、ドラッカーなのである。

ドラッカーによると、企業経営者には、人間としての気品とか、誇りとか、誠実さとか、そんなものも必要だという。ドラッカーは、それを「真摯《しんし》さ（integrity）」といった。そういったものが、経営者には必要だと何度も主張した。しかも、それは学ぶことができないともいう。

では、ある人がそれをもっているかどうか、それはどうしたらわかるのか。この質問に対して、ドラッカーは一緒に仕事すると、それはすぐにわかるという。最近、同じようなことを、ハーバード・ビジネススクールのクレイトン・クリステンセンも述べている。

実は、この誠実さとか真摯さとかいったものは、人間の自由、自律、そして責任といった概念と密接に関係している。特に、ドラッカーが経営学に持ち込もうとした哲学的な概念のほとんどが、実はドイツの哲学者イマヌエル・カントによってすでに展開されていたものである。それが、ドラッカーの経営学をさらに難解にしているとともに、非常に品の良いモノにしている。

ドラッカーが著作の中でカントに言及しているのはほんの数カ所だけだが、カント哲学についてかなりの知識をもっていたのではないかと推測される。このカント哲学とドラッカー経営学との関わりについては、後により詳しく説明する。

反利益最大化仮説

さて、ドラッカーの終生の目的は、先に説明したように、全体主義が再び出現することを阻止し、自由な産業社会をいかに構築するかであった。そして、その自由な産業社会を形成し維持発展させるのは、自由な企業家だと見なしていた。自由な産業社会を形成するのは、政治家でも、官僚でも、知識人でも、国家や政府でもなく、企業経営者だと確信していたのである。

悪くいえば、この政治的目的を達成するために、ドラッカーは企業経営者を利用しようとした。逆に、良くいえば、将来の自由社会を企業経営者の活動に賭けたのである。自由な産業社会を形成するのは、自由な企業、自由で自律的な企業経営者しかいないとドラッカーは考えていた。

それゆえ、ドラッカーは、今日、多くの人々が当然のように思っている企業の目的として功利主義的な利益最大化仮説や株主価値最大化仮説を認めなかった。経営者は、お金を儲けるために、ひたすら価格の変化に対応し、受動的かつ他律的に行動するだけでは不十分だと何度も主張した。

ドラッカーによると、利益にとらわれて行動する企業経営者は他律的であり、刺激反応行動を行なう動物的存在にすぎないという。

自分の外に行動の原因を求めるような他律的な経営者によって、新しい自由な産業社会を形成することはできない。そのような経営者には、人間としての尊厳がない。目の前のエサに向かってひたすら走り続ける馬や、後ろから押されると倒れてしまう物体のような存在にすぎないのだ。

そして、そのような動物的な経営者が形成したのは、実は自由な産業社会ではなく、まさにヒトラーによって形成された全体主義的社会だったのである。他律的な経営者たちは、簡単に権力に迎合する。かつて、多くの経営者たちがナチスの脅《おど》しに屈し、全体主義に加担していった光景を、ドラッカーはヨーロッパで何度も見てきた。

その本質は、人間としての自由意志や自律性を放棄し、徹底的に他律的に行動しようとする点にある。ドラッカーは、このような経営者たちによって、自由で豊かな産業社会は形成されることはなく、逆に全体主義を生み出す余地や機会を与えてしまう可能性があるという。

以上のことから、明らかにドラッカーのマネジメントは、利益最大化あるいは株主価値最大化原理にもとづく経済合理的マネジメントではない。

経営者の役割は「顧客の創造」である

それでは、ドラッカーが経営者に求めた企業の目的は何か。初期の彼の著作では、なかなかこれといったフレーズが出てこなかった。そして、彼の著書『現代の経営』で、はじめてそれが登場した。それは、「顧客の創造」という言葉であった。

顧客の創造とは、簡単にいえば、「経営者も自由人たれ！」ということの言い換えである。それは、利益最大化原理に従って受動的で他律的にビジネスをするのではなく、ビジネスを通して新しい社会を形成するという自由意志の実践のことである。また、別のいい方をすれば、イノベーションを生み出せということでもある。

このことを理解している日本のドラッカー・ファンは、意外に少ない。顧客の声を熱心に聞いて、彼らを満足させるような商品を受動的に創り出し、さらに顧客を増やしていくこと。それが、ドラッカーのいう企業の目的であり、顧客の創造だと安易に考える人が多いように思える。これでは、企業の目的が利益最大化仮説と同じなのである。

ドラッカーが企業の経営者に求めていたのは、そのような受動的で他律的な態度ではない。あくまでも、自律的な態度を求めているのだ。経営者もおよそ人間として生まれたからには、一度でいいから自由を行使し、リスクを背負って自律的にイノベーションを起こすべきだということである。

能動的に新商品を作って、積極的にそれをお客様に問う。そして、もしお客様がそれに満足し、その商品を受け入れてくれれば、顧客がどんどん増えてくる。そうすれば、その先には見たこともない新しい産業や新しい業界が出現してくることになる。これが顧客の創造の意味であり、その先に新しい自由な社会が待っているのである。

イノベーションとマーケティング

ドラッカーは、自由な産業社会の形成と維持発展について常に考えていた。それゆえ、イノベーションは、単なる画期的な発見や発明を意味するわけではない。ドラッカーのいうイノベーションとは、人間の自由意志の行使と密接に関係している。

企業が自律的に新製品を生み出し、それを顧客に問う。もちろん、それは売れるかどうかわからない。しかし、もしそれが消費者に受け入れられ、新しい市場が生まれ、そして新しい需要が生まれ、新しいライフスタイルを生み出すならば、それは新しい社会を形成することになる。この意味で、イノベーションと自由な産業社会は密接に関係しているのである。

だから、ドラッカーは、単に顧客が求めているものを聞いてそのまま作れ、といった他律的な商売の話は一切していない。そのような製品は、たいてい、すでに市場に存在しているのであり、イノベーションは必要ないのだ。それゆえ、そのような活動によって新しい社会は形成されることもない。

もちろん、お客様の声は聞く必要があるだろう。しかし、やはりこちら側がリスクを負って能動的かつ自律的に社会に対して働きかける必要がある。つまり、新製品をどんどん開発し、イノベーションを起こして社会全体を変えていくことが、企業経営者に求められている役割なのであり、それがまた人間としての義務なのである。

この意味で、ドラッカーのいうマーケティングの意味も重要である。一般に、マーケティングというと、顧客のニーズを知るための受動的な活動というイメージで理解されやすい。それゆえ、マーケティングというと、マーケティング調査、ヒヤリング調査、そして売上データといったことをイメージするだろう。

しかし、これはすべて既存の市場に関わる受動的な調査にすぎない。もちろん、このような調査も必要だろう。しかし、ドラッカーのいうマーケティングの意味は、既存の顧客の嗜好《しこう》を調べるためだけでなく、新しい顧客を創るために行なうものである。つまり、新しい顧客を創造し、新しい市場を創造するため、というきわめて能動的なものなのである。

イノベーションの事例としてのソニーやアップル

こういった話をすると、「顧客の創造とは具体的にどういうことですか」と聞かれるので、わかりやすい事例をここで挙げてみたい。

たとえば、昔のソニーがこれにあてはまる。かつて、ソニーが開発したウォークマンというヘッドホン・ステレオ。この商品は、顧客の声を熱心に聞き取り、その要望に受動的に応えた結果として生まれた商品ではない。

当時、そのような商品が売り出されるとは誰も思っていなかったし、予想もしていなかった。それは、驚くべき未知の製品であった。ヘッドホンでステレオが聴けるなんて、想像もつかなかった。みなテレビのＣＭで流れるウォークマンを見て、驚いたのだ。

つまり、それはソニーの挑戦だったのである。ウォークマンによって、われわれのライフスタイルも変化した。電車の中でも、ジョギングしているときにも音楽が聴けるようになった。そして、やがて世界中の人々に受け入れられ、一大産業となっていった。ソニーはまさに新たな産業を自律的に創造したのである。

これを現代の事例に置き換えれば、アップルのスティーブ・ジョブズのやり方がそうだったといえる。彼は詳しい綿密な調査を通して、顧客がｉＰｏｄ、ｉＰｈｏｎｅ、そしてｉＰａｄという商品を望んでいたので、それらを受動的に作っていったわけではない。逆である。顧客がまったく想像もしていなかった製品を次々と自律的に創造し、それを顧客に問うたのである。そして、多くの人々がその製品に驚かされ、受け入れた。

つまり、当時のソニーもいまのアップルも、単に顧客の要望に応えたわけでも、儲かりそうな商品を作ろうとしたわけでもなかったように思われる。

自由と責任、そして利益に対する考え方

このような観点からすると、「利益」というものは企業にとって究極的な目的では

ないことがわかる。それは、以下のように理解される。すなわち、ドラッカーによると、利益は目的ではなく、成功した結果なのである。この意味で、ソニーもアップルも顧客を創造し、新しい分野を形成し、自由な社会の形成に十分貢献した。そして、その結果として多くの利益を生み出したわけである。

しかし、利益は次のような意味ももつ。イノベーションとマーケティングにもとづいて新商品を開発し、それを販売しても売れる保証はない。どんな企業も結果として失敗する可能性がある。事実、ソニーもアップルもたくさん失敗を経験している。

そして、もし結果として失敗したら、それは自由を行使した経営者がその責任を取らなければならない。その失敗に対する保険として「利益」は取っておく必要があるということ、これがドラッカーの利益に対する考えでもあった。

つまり、ドラッカーによると、企業経営者の自律的で自由な行動の失敗の原因は、他でもなく自由を行使した経営者自身にある。それゆえ、経営者にはその失敗に対して責任を取る必要がある。この意味で、自由と責任は対概念なのであり、この自由に対する責任との関係で「利益」がとらえられているのである。

以上のことから、ドラッカーは、自由は楽しいものかあるいは自由は幸福かと問われると、「自由は楽しくもないし、幸福でもない」と答えるのである。

このように、ドラッカーは企業経営者に対して、強く自由の行使を要求する。つまり、経営者に対して人間としての自律性を求めており、自由意志の行使を強く要求する。

経営者も人間として生まれたからには、自由意志にもとづいて一度は新ビジネスを展開し、顧客を創造し、新しい業界や新しい社会の形成に貢献すべきである。これこそが、人間としての義務であり、そのような行動が動物や機械にない人間としての証《あかし》だという。

このドラッカーの考えからすると、もし経営不振によって従業員を平気で解雇するような経営者がいたならば、それはまったくナンセンスである。従業員が解雇されるのではなく、新しい顧客を創造できない、それゆえ新しい需要を生み出せない無能な経営者のほうに問題がある。それゆえ、経営者が退出すべきだという。

この点で、ドラッカーはＩＢＭの社長トーマス・ワトソンの経営に強い関心をもっていた。当時、IBMはまだコンピューターを開発しておらず、タイムレコーダーの生産・販売で食いつなぐ中堅企業であった。

こうした状況で、ワトソンは、米国企業では珍しい経営を行なっていた。それは、どんなに経営状態が悪化しても、レイオフを実施しないという経営であった。当時、ワトソンは従業員をクビにするくらいならば、倒産したほうがマシと考えていたのである。

IBMは、このワトソンの経営のもとに「THINK（考えよ）」をスローガンに、教育や再訓練に力をいれる異色の企業であった。こうしたワトソンの経営に関して、従業員のクビを切らずにすんだのは、それだけの成長をIBMが実現したからだという人もいる。しかしドラッカーは、それは逆だという。経営者が従業員の雇用を守ると決めたからこそ、成長し、そして発展していったのだと主張する。

ドラッカーは、株主をどう考えていたか

さて、顧客の創造を企業の目的とするドラッカーの発想からすると、株主はどのよ

うに位置づけられるのか。ドラッカーは、企業の目的が利益最大化や株主価値最大化だという立場をとらない。では、株主の存在をどう考えていたのだろうか。

ドラッカーは、決して株主の存在を無視していたわけではない。

株主である以上、利益の最大化を要求することは当たり前である。経営者はそれに応えるべく経営をする義務がある。その際、無能な経営者ほど、短絡的に利益を確保するため、経済合理的なマネジメントを展開する。その最たる例が、コスト・カットに走るといったことである。

しかし、コスト・カットはいつまでも続けられない。企業を長期的に存続させるには、売上高を上昇させ、そこから利益を生み出す必要がある。売上高を上げることは難しい。というのも、常にヒット商品を生み出し、イノベーションを起こしていく必要があるからである。もちろん、経営者の能力だけでなく、運も必要になってくる。

ただし、短期的に見ればコスト・カットは誰にもできる、最も合理的な手段となる。それゆえ、株主利益の最大化要求に対して、才能のない経営者は、利益を高めるために売上高を伸ばすのではなく、人員整理、レイオフや賃金の削減などといったコスト・カットをひたすら行なうのである。最近の日本の経営者には、このような傾向があるように思える。

こうした経営者のもとでは、企業は成長することができない。短期的利益にばかり目が行った結果、むしろ企業活動は縮小することになる。持続的成長を達成することができなければ、株主にとっても不幸なことである。しかし、昨今では、米国流の株主利益最大化の方針が主流になってしまっている。それは、一部の短期的利益を目論《もくろ》む株主のほうだけを向いたものでしかない。

何より、企業が持続的に成長するには、やはり利益よりも基本的に売上高を最大化するような絶えざる努力が必要なのである。そして、そのためには、やはり新しい顧客を獲得する必要がある。そして、新しい顧客を生み出すには、イノベーションが必要となるのである。

今日、低迷する日本企業に求められているのは、米国流の利益最大化という目的ではない。必要なのは、売上高を高め、持続的に成長するためのイノベーションであり、それを奨励する自由で自律的な経営者なのである。

企業の社会的責任論

さて、一九九〇年代、日本ではバブル経済崩壊後、多くの企業の不祥事が発覚した。もちろん、当時、企業の不祥事は日本だけではなく、米国でも、ドイツでも、そして英国でもたくさん発覚した。

そのときから、だれがどのようにして企業を統治するのかというコーポレート・ガバナンス（企業統治）問題が出現し、さらに企業は社会のために貢献すべきだという企業の社会的責任論（ＣＳＲ）も注目されるようになった。

先にも触れたが、今日、このＣＳＲをめぐっていろいろな議論がなされている。しかし、ドラッカーが求めている「企業の社会的責任論」は、今日、一般に流布《るふ》しているような安易なＣＳＲ活動とは異なっている。ここでは、ドラッカーの経営者論との関係で、ドラッカー流のＣＳＲについてもより詳しく述べてみたい。

日本で企業の社会的責任にまつわる問題が現われはじめたとき、ＣＳＲの問題に関心を示していたのは、実は一部の学者だけだった。つまり、当初、企業人はほとんどＣＳＲに興味を示さなかった。

しかし、やがてこのＣＳＲ活動が企業の業績と関係があるのではないかという思惑が働くと、事態は一変した。企業経営者も、ＣＳＲの話に積極的に耳を傾けるようになった。そして、この動きに気づいた学者もまた、その人気に乗っかり、ＣＳＲについて積極的に語りはじめたのである。

一般に、しっかりとしたコーポレート・ガバナンス・システムを構築すると、企業の業績が高まるといわれている。日々、ＣＳＲ活動をしていると、企業の業績は高まり、しかも問題が起こったときには、世間はそういった企業に対して優しいので、リスク・マネジメントにもなる。それゆえ、ＣＳＲをめぐる議論が、当時、もてはやされていた。

しかし、このような意味でのＣＳＲ議論の展開は、非常に奇妙である。もしその議論が正しいならば、個別企業が利己的利益を得るために、社会的責任行動をすべしということになる。

つまり、私的企業が利益を得る手段として社会的責任行動を行なうという、いわゆる功利主義的な社会的責任論が導かれることになる。もっと悪いいい方をすれば、個別企業がお金を儲けるために、社会を利用しろということになる。

しかし、結局その後、ＣＳＲ活動は企業に思っていたほどの利益をもたらさないことが明らかになった。そこにはいろんな理由があるだろうが、主な理由は、多くの企業がいっせいに同様のことを行なったために、相互に差別化できなくなったからである。ＣＳＲが単なる「コスト」となってしまった今日、ＣＳＲ活動に対する企業の関心は徐々に薄れつつある。

一方、そもそもこのような功利主義的なＣＳＲ活動を認めなかったのが、ドラッカーである。ドラッカーが企業経営者に求めたのは、先にも述べたように自由意志にもとづく「顧客の創造」であった。

そして、ここで重要なことは「自由」と「責任」が対概念だという点である。自由のないところに責任が存在しないように、社会に対する責任だけを取り出して、それを目的としたり、ましてやそれによって利益を上げることができるとは、ドラッカーは考えていなかった。

社会に対して責任を感じ、責任を果たす前に、何よりもまず企業は社会に対して何らかの形で自由を行使する必要がある。自由で自律的なビジネス活動を行なわないで、しかも新しい顧客を生み出していない企業経営者が社会的責任など感じるはずがない。自由を行使しない経営者には、そもそも責任の概念など成立しないのである。

しかも、経営者は自分の目的のために、顧客を単なるモノとして扱ってはならない。顧客もまた自由意志をもち、人間としての尊厳をもっている。社会に対して責任ある行動をするということ、すなわちＣＳＲ活動をするということは、まず企業が自律的で自由な生産活動を行なう、つまり顧客を創造し、イノベーションを起こすこと、そしてその裏返しとして、責任が必然的に伴うことになる。

富士フイルムのＣＳＲ活動

このようなドラッカー的なＣＳＲの意味を理解すると、富士フイルムが非常に興味深いＣＳＲ活動を行なっていることがわかる。ここで、簡単に紹介したい。

二〇一一年三月十一日、東北で起こった大震災で、多くの被害が出たことは記憶に新しい。当時、被災地では、多くの人々が必死になって探していたものがあった。それは、家族との思い出の写真であった。

そして、富士フイルムには、「海水や泥をかぶった写真の救済方法を教えてほしい」という問い合わせがたくさん寄せられていた。それをきっかけに、富士フイルムでは「写真救済プロジェクト」が展開されることになる。

社員のみならず、多くのボランティアが写真の洗浄活動に参加した。はじめは、被災地に行って活動をしていたが、やがてその活動は各地で行なわれるようになった。それでも救済が必要な写真の数があまりにも多くなったので、最終的に富士フイルムの神奈川工場に救済が必要な写真を持ち込み、写真を再生して現地に送り返すという活動へと展開していった。

こうした活動について、古森重隆《こもりしげたか》会長は、以下のように述べている。その言葉は、注目に値する。

「このときほど、写真を生み出した自分たちが、この写真を再生させなければならないという強い使命感を感じたことはない」（古森重隆著『魂の経営』107頁）

これは、まさしくドラッカーのいう企業の社会的責任活動である。それは、社会に対して自由を行使した企業がとる責任ある行動なのである。

第7章　ドラッカーのマネジメント論

「マネジメント」とは何か

「マネジメント」という言葉自体は、昔から存在していた。しかし、それが広く認知されるようになったのは、まさにドラッカーによる貢献が大きい。

ところで、そもそもこの「マネジメント」とは何か。これは、大変難しい問題である。利益最大化原理あるいは株主価値最大化原理に従ってさまざまな資源を効率的に利用し配分するマネジメントは、経済合理的なマネジメントと呼びうるだろう。

しかし、ドラッカーにとってはそうではない。マネジメントとは、「人にかかわるもの」であり、それは数学的でも物理的なものでもないという。ドラッカーのいうマネジメントとは人間組織を運営する方法のことであり、考え方であり、そして思考法なのである。それは、科学ではなく、「アート（art）」なのだ。

もっと具体的にいえば、ドラッカーによると、マネジメントとは、組織を構成する人が、その人の強みを生かして成果を上げ、自己を実現し、弱みを無効化するように組織を運営する方法だという。

以下、経営者による中間管理職や従業員のマネジメントを通して、ドラッカーの考える人間主義的マネジメント、あるいは経営管理論について、より具体的に説明してみたい。

自律的中間管理職のマネジメント

ドラッカーは、彼が経営者に対して徹底して求めた人間としての自由の行使、つまり自律的な行為を、ミドル・マネージャーやロアー・マネージャーたちにも求める。そして、従業員に対しても自由の行使を要求する。人にいわれたことだけをするのではなく、自発的に行動することが求められるのは、経営者だけではないのである。

ドラッカーは、組織において自らの自由意志を行使するような人のことを「エグゼクティブ」と呼んだり、「知識労働者」と呼んだりしている。もちろん、この言葉の使い方は、普通の使い方とはまったく異なっている。本来ならば、エグゼクティブは企業のトップの人々のことであり、その他のメンバーに対して使用するような言葉ではない。

しかし、ドラッカーは、企業では経営者だけが自由意志を行使するのではなく、すべてのメンバーが人間として自由意志を行使する必要があるという意味を込めて、あえてこのような使い方をしているように思える。

ドラッカーによると、企業は自由な産業社会の形成を担う明日の経営者を育成する場でもある。そのために、経営者は企業内のミドル・マネージャー、ロアー・マネージャー、一般従業員、そして専門職員に対しても、自由意志の行使を求める必要があると考えた。つまり、企業は自由を行使する練習の場でもあり、学びの場でもあるのだ。

これは、哲学者カントの言葉で言うと、経営者は自由意志を行使するように従業員を「啓蒙」する必要があるということだ。ドラッカーが述べているのは、明日の産業社会を担う企業には「啓蒙のマネジメント」が必要だということである。

「命令と服従」の原理にもとづき、単に上からの命令だけに従って行動することは、ある意味で非常に楽なことだ。というのも、このような行動をとっているかぎり、考える必要も、責任を取る必要もないからである。

たしかに、上司が優秀であれば、それでもうまくいくかもしれない。しかし、従業員一人ひとりが、勇気をもって自律的に行動する必要がある。そのような行動が、動物や機械ではない人間としてのあり方だというのが、ドラッカーの考えである。

経営者がミドルをマネジメントする場合、そうした自律的な行動をメンバーから引き出すために、上から目線でミドル・マネージャーに命令し、彼らを強制して駆り立てるように管理してはいけないのだという。つまり、ドラッカーは「命令と服従」の原理にもとづく駆り立て式管理のもとに、ミドル・マネージャーを管理する方法を批判する。

このようなマネジメントでは、自由意志を行使し、自由な社会を形成する明日の経営者は育たない。上から脅され従業員がひたすら命令に従うような他律的な人間組織では、相互に批判的議論が十分にできない。それゆえ、そのような組織は進化することもない。

たとえば、そのような組織では、経営層の間違いによって深刻な問題が発生していても、命令されることがなければ、だれも進んでそのことを上層部に知らせることはないだろう。また、上層部が不正を行なっている場合、その不正を隠すような行動に従業員は巻き込まれ、会社ぐるみで不正を行なうことになるだろう。つまり、そのような他律的な人間組織は、悪の組織に容易に成り下がることになる。

そして、このような企業から、未来の自由な産業社会を担うような自律的な経営者は生まれてこない。権力に迎合する他律的な経営者が生まれてくるにすぎない。さらに、自由な産業社会では、そのような他律的な経営者がマネジメントする組織は生存できず、淘汰《とうた》されてしまうのだと、ドラッカーはいう。

また、自由な産業社会へと移行する過渡期に、このような企業が多ければ、新しい自由な産業社会は形成されず、結局、全体主義復活の機会を生み出すことになるとドラッカーは考えたのである。

「目標による管理」の重要性

明日の経営者を育てるために、ドラッカーはミドル・マネージャーの教育にとって必要なのは「目標による管理」だと主張した。これが、ドラッカーのマネジメントの特徴の一つである。

日本では、この「目標による管理」は、以下のように誤って理解されてきた。それは、まずトップが数値目標を提示する。そして、その目標を効率的に達成するために、より具体的な数値目標が下位のメンバーに割り振られていく。最後に、「命令と服従」の原理のもとに、部下を駆り立てて他律的に管理することにより、その数値目標が効率的に達成される、というものである。

つまり、企業が設定する全体数値目標にもとづいて、より具体的な数値が決定され、それを実現するように上から下へと強制的に命令するような、「命令と服従」の原理にもとづく他律的マネジメントとして理解されてきたのである。

もちろん、これは間違ったドラッカー解釈であった。ドラッカーのいう「目標による管理」は、企業の全体目標の範囲内でミドル・マネージャーの自由や自律性を引き出す管理であり、逆にミドルに自律的行動を実践させるというものである。

言い換えると、企業経営者が打ち出す目標の範囲内で、ミドル・マネージャー自身によって目的を自由に定めさせ、その目的のもとに自己統治させる「自由と責任」の原理にもとづくマネジメントのことである。

このようなマネジメントのもとで、ミドルに何度も自律的に意思決定する練習をさせるということ、つまり彼らの自律性を普段から引き出し、ミドルに自由意志にもとづく行為を実践させることによって、明日の経営者が育成されていくのである。

たとえば、最近のトヨタ自動車では、このような目標によるマネジメントが展開されているという。豊田章男《とよだあきお》社長は、決算発表などの場で、あえて数値目標を語らないようにしており、その理由は「利益は目的ではなく結果」だからだと述べている。また、「持続的成長が最大の目的」だともいっている。

だから、彼は目標として、数値ではなく、たとえば「いい車を作りたい」というような、いくぶん抽象的であいまいな言葉を述べる。その言葉のもとに、中間管理職以下、それぞれがその意味を汲み取り、具体的かつ自律的に自らの目的を決めて、実現するように行動しているのである。それがドラッカーのいう「目標による管理」である。これを自律分散型組織という人もいる。命令と服従による管理ではなく、自由と責任による管理なのである。

しかし、残念ながら、日本では、当初、逆にミドルを統制しようとするような意味合いで、それゆえ他律的な意味合いでドラッカーの「目標による管理」は解釈された。しかも、そうした数値目標は一定の成果を収めてしまった。ただ、それは、他律的な人間を育成する管理であって、ドラッカーのいう「目標による管理」とは、まったく意味が違うものだったのである。

一般従業員にも自由を

このように、ドラッカーによると、自由意志にもとづいて行動する必要があるのは、決してトップやミドルだけではない。従業員もまた自律的で自由でなければならない。

ドラッカーは、一般従業員に対する人事管理についても同様に、単にお金のためだけに働かせるような非人間的な人事管理、従業員を単なるコストとみなすような経済合理的な人事管理を批判する。たしかに、働いた対価として従業員には十分にお金を支払うことは重要なことである。しかし、それだけでは不十分なのだとドラッカーは主張する。

従業員もまた人間として自らの仕事にプライドをもち、自律的に働くことが重要なのであり、それゆえ、経営者は従業員一人ひとりが最大限に力を発揮できるような最高の舞台を用意しなければならないのである。

その手段の一つとして、ドラッカーは、従業員の自律性を引き出すためには、従業員もまた経営者のような立場に立って物事を考えるべきであり、経営者は彼らにそのような機会をどんどん与えてあげなければならないと主張する。

先に述べたように、GMのスローン社長は、このような考えにきわめて批判的であり、それゆえドラッカーとはほとんど意見が合わなかった。スローンは、決定するのは経営陣であり、それに従うのが従業員であるという考えであった。つまり、命令と服従の原理にもとづくマネジメントを科学的だと思っていたのである。

これに対して、ドラッカーは、たとえば生産方法の改善や製品開発等にも、従業員が自律的にどんどん参加する経営が良いという。そして、まさに六〇年代や七〇年代の日本企業は、このドラッカーの目指す経営に近い経営を展開していた。

それゆえ、ドラッカーは日本企業が大好きだった。後に多くの日本企業が世界で躍進すると、その日本企業の活躍がドラッカーのマネジメントの妥当性を高めることになったのである。

当時のソニーをはじめとする多くの日本企業のトップもまた、ドラッカーのマネジメントと多くの接点があることを理解し、その考え方に親近感を覚えていたように思える。一九六〇年代の古き良き時代には、ソニーの盛田《もりた》昭夫《あきお》、オムロンの立石一真《たていしかずま》などといった日本企業のトップの多くが、ドラッカーと交流をもっていた。

雇用を守り、部下を正しい方向へと導き、部下を育て成長させ、部下と人間的に豊かな人間関係を築けるかどうかによって、その企業の運命は決まる。一人ひとりのメンバーが誇りをもって働けるのか。一人ひとりが自ら考えて実践できるか。企業の強さは、これによって決まる。これが、ドラッカーの人間主義的マネジメントなのである。

第8章　ドラッカーの経営組織論

「分権制」の本当の意味

ドラッカーは、経営者、中間管理職、そして従業員が自律的で生き生きと働くためには、どのような組織が望ましいのか、組織のデザインの問題についても考えていた。それはやはり、経済合理的な組織論ではなく、人間主義的な組織論であった。

より具体的にいえば、ドラッカーが推奨したのは分権制組織であった。それは、当時、米国でブームを巻き起こした。ドラッカーのいう分権制組織とはどのような組織であり、ドラッカーにとってそれがどのような意味をもっていたのか。それについて説明してみたい。

ドラッカーによると、自由な産業社会を形成する企業では、経営者だけが自由を行使するのではなく、先にも述べたように企業内の中間管理職も従業員も自律的で自由でなければならない。そして、これを実際に可能にする組織デザインが分権制組織だという。

集権制組織とは、「命令と服従」の原理にもとづく組織のことである。そこでは、上からの命令が絶対であり、個人には何の権限もない。これに対して、分権制とは、一人ひとりが自由を行使することができ、それに対して責任を取る組織である。

分権制組織とは、より具体的にいえば、（1）職能別組織か、（2）事業部制組織という形をとる。そして、このような組織から明日の産業社会を担う自由な経営者が育成されてくるのだという。

しかし、これら二つのいずれかの組織デザインを採用すれば、自動的に分権制組織になるというわけではない。というのも、この同じ組織デザインのもとに、集権的管理も展開できるからである。このことについて、より詳しく説明してみたい。

ドラッカーは、これまで何度も述べたように、「命令と服従」の原理にもとづく集

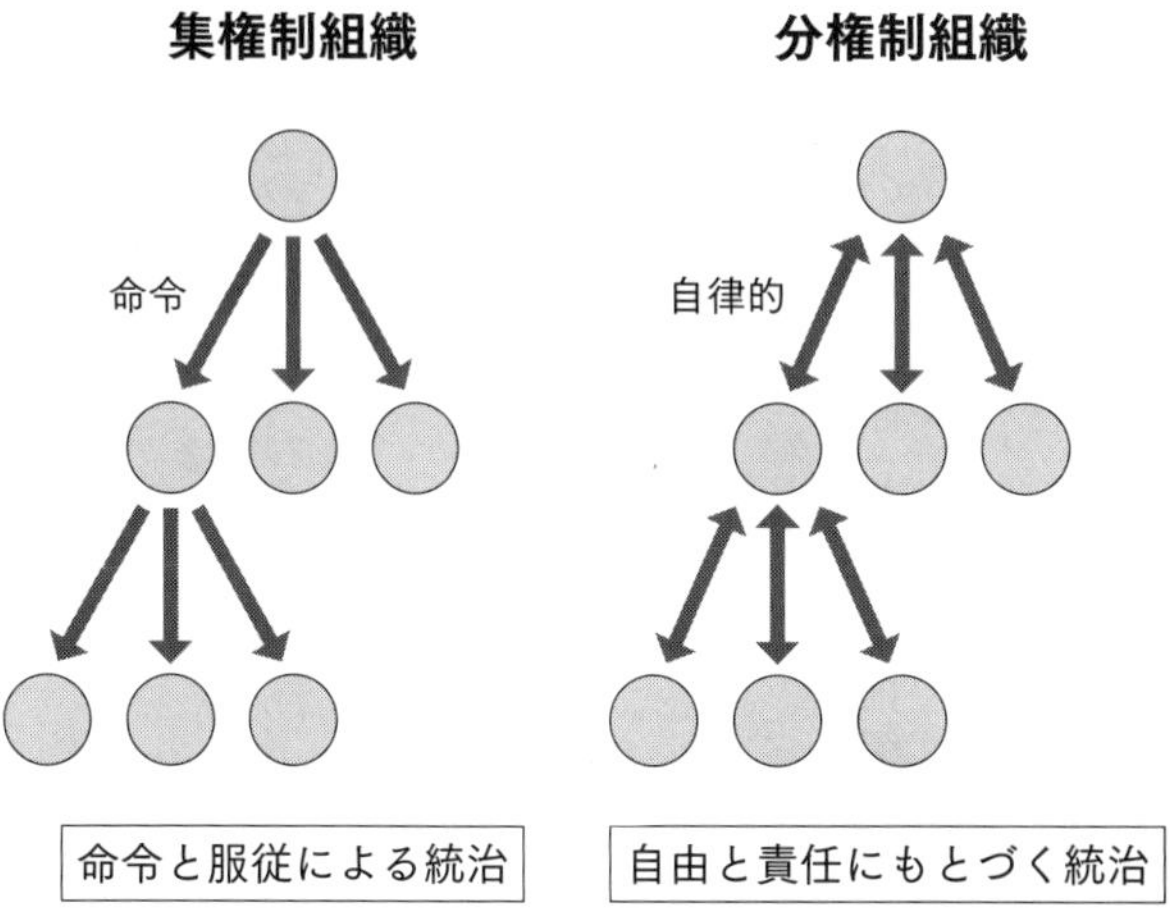

権的な組織を嫌う。それは、上の命令に従うだけの機械的な組織であり、そこで働く人は、条件反射をする動物的な人間になってしまうのだ。そして、まさにそのような組織から全体主義が出現するのだと考えていた。

一方、経済学者の中には、集権制と分権制を同じ次元でとらえようとする人がいる。すなわち、組織の中での権力配分の問題であるとして、集権と分権の間に何か最適な権限配分があるのではないかと考えがちなのだが、これはまったくの誤りである。集権制と分権制は、先に述べたとおり、そもそも原理がまったく異なる組織だからだ。

したがって、原理がまったく異なる集権制と分権制との間に最適な状態は存在しない。集権制組織では、トップがどれだけより下位のメンバーに職務権限を委譲しても、その本質は変わらない。部下にとってやれることの範囲が一時的に増えたとしても、部下の提案や企画は、最終的にトップがそれを採用するか否かでしかない。このような組織では、下位のメンバーは結局、上司の命令に服従するだけなのである。

ところで、一九七〇年代に、コンティンジェンシー理論という経営理論が流行った。あらゆる経営環境に対応できるような唯一の組織形態はなく、状況に応じてさまざまな形態を採用すべき、だというものである。その際に、一方で集権化し、他方で分権化している企業組織は業績が良いという実証的な結果が出されたことがある。

多くの研究者はこれを十分理解することができなかった。というのも、集権制と分権制は本質的に異なるものであるから、集権化と同時に分権化することなど不可能であると考えられたからである。

この矛盾をどのように考えればよいのだろうか。それは、集権制と分権制を同一次元でとらえ、その間に最適な状態があるのではなく、組織の活動の中で、「命令と服従」の原理にもとづく集権制と「自由と責任」の原理にもとづく分権制をうまく使い分けて併存させることで、組織の業績を上げることができる、ということである。

そして、それを行なうのが、経営者の役割なのである。問題はこれら二つの原理をどのように使い分けて人間をマネジメントするのか。これが、まさに経営者の手腕が試されるところとなる。

このように集権化と分権化は一つの組織に共存しうる。しかし、ドラッカー自身が求めていた組織は、二つの原理を補完的に利用するのではなく、あくまで自由と責任の原理にもとづく自律分権的な人間組織であった。

「手段」となる部門を作ってはいけない

さて、分権的な職能別組織にもとづいて、企業経営者が「顧客の創造」を実現するためには、一方で製造部門や研究開発部門が積極的に自由にイノベーションを起こし、他方で販売・営業部門が中心となって、積極的にマーケティング活動を展開する必要がある。

しかし、日本では長くモノづくりが重視されてきたため、私が知る限り、販売・営業部門より製造部門がいつも優位な立場にある傾向が強かった。それゆえ、日本では製造部門に比べて販売・営業部門の地位は低いともいわれてきた。

ドラッカーは、このような製造部門が目的で、販売・営業部門が単なる手段として扱われるような組織内の関係を非常に嫌う。特定の部門の目的を達成するために、他の部門を単なる手段として扱うような組織ではダメなのである。

というのも、単なる手段とされる部門の自由や目的が無視されるからである。ある部門の自由・目的のみならず、別の部門の自律性や目的も同時に認めなければいけないという有機的関係を形成することが重要なのである（そして、これが実は次章で説明するようにカントが強調している共同体の原理、つまり自律・自由の原理なのである）。

つまり、新しい技術を生み出す製造部門とマーケティングを行なう販売・営業部門、あるいはその他の部門は、それぞれの目的のもとで行動し、その目的達成のために相互に利用しあうような関係であることが必要となる。

このように、企業にはさまざまな部門があるが、お互いが目的であるとともに同時に手段でもあるような有機的関係を形成しなければならないという発想が、ドラッカーの組織論なのである。こうした有機的組織のもとに、一方で明日の会社を担う自律的な人間が形成され、他方イノベーション、つまり新技術とその応用による実践的な成功が生まれてくるという。

「連邦分権制」としての事業部制

さらにドラッカーは、人間の自由が実現され、より優れた自律的な経営者を育てることができる組織デザインとして、「連邦分権制」と呼ぶ事業部制組織を推薦する。

今日、大企業のほとんどは、本部と事業部から構成される事業部制組織を採用している。しかし、実際にはこの組織デザインのもとに成功している企業は意外と少ない。つまり、形だけ分権制組織になっている企業が意外に多い。というのも、この同じ事業部制組織を命令と服従の原理にもとづいて利用することもできるからである。本部の命令にひたすら服従するだけの各事業部という構図である。

これでは事業部制本来の役割は果たせない。なぜなら、本部の力があまりにも強すぎると、本部の目的を達成するために各事業部が単なる手段として扱われることになるからである。それゆえ、事業部制は命令と服従の原理にもとづく単なる集権制組織に成り下がってしまう。これでは、組織は失敗する。

また逆に、各事業部の力が強すぎて、各事業部の個別目的を達成するために本部を単なる手段のように使ってしまうと、個別効率性と全体効率性がずれてしまい、事業部制組織は成功しない。ここには、組織としての原理が存在しない。

何よりも、本部も各事業部もそれぞれの目的を達成するために、他の部門を単なる手段として扱うのではなく、お互いが目的であり、お互いが手段であるような有機的関係を形成する必要があるということ、これがドラッカーの主張なのである。

それはすなわち、本部と事業部の関係において、図のように矢印が一方方向を向かないようにするということである。

では、本部と各事業部が同等なのかというとそうではなく、本部は目標を設定して、各事業部を管理する。しかし、先にも述べたように、それが単なる数値目標にな

「連邦分権制」としての事業部制

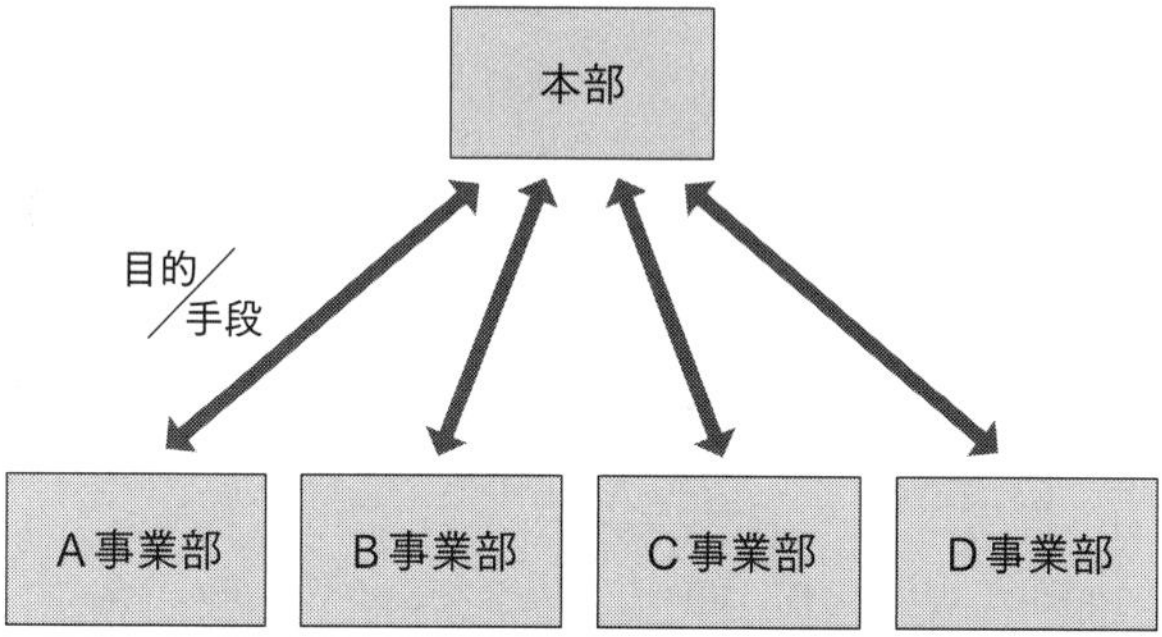

本部と事業部が相互に目的となり、手段ともなる組織

ってしまうと組織の運営はうまくいかない。この場合、数値目標が単に細分化され、「命令と服従」の原理のもとに集権的マネジメントが展開されるにすぎない。そうではなく、各事業部がそれぞれ自発的に目的を決定し、それに対して責任を持つという態度を取れるように、本部はいくぶん抽象的な目標を掲げる必要があるかもしれない。

「人間主義」の意味と限界

もし現代社会を代表する企業群がこれまで述べてきたようなマネジメントを実践するならば、新しい自由な産業社会が形成されるだろう。これが、ドラッカーの考えであった。それによって、ヒトラーやスターリンによって形成されたような全体主義的な社会は二度と生まれることはないと考えたのである。

ところで、最近、セミナーや大学の講義などいろんな場所で、「人間的」とか「人間主義」という言葉を聞くことがある。経営学でも、人間主義的マネジメントという言葉が使われるようになっている。ただ、そこでいわれる「人間主義」という言葉は、人を大切にする経営といった程度のことだと思う。

しかし、人間的あるいは人間主義的とはそういう意味ではない。その意味は明確である。人間的あるいは人間主義的とは、ドラッカーがいうように、自律的な人間による活動ということだ。動物や機械にはない自律的意志や自由意志こそが、人間の本質なのだ。

それゆえ、人間主義的マネジメントというのは、人間の本質である自由意志と自律を実践させるマネジメントである。可能なかぎり従業員の自由や自律性を引き出すようなマネジメントであり、そういう自律的な人間を育てる啓蒙のマネジメントという意味である。

ところで、これまで説明してきたように、ドラッカーのマネジメントは人間主義を前面に押し出すマネジメントである。そこには、経済合理的なマネジメントが入り込む余地は小さい。

しかし、すべての人間が目標設定だけで力を最大限発揮するわけではない。怠《なま》けたり、さぼったりする人も出てくるだろう。そのような人間をマネジメントする場合、人間主義的マネジメントだけでは限界がある。人間を動かすためには、どうしても人の欲求に応えること、すなわちお金の力を借りることも必要になる。

この点について、実はドラッカーも十分認識していたように思える。それゆえ、従業員に効率的に働いてもらうには、やはり相応の賃金や給与を与える必要があることを、ドラッカーもわかっていた。

しかし同時に、ドラッカーが主張していたとおり、経済合理的マネジメントだけで十分かといえばけっしてそうではない。人間主義的マネジメントは絶対に必要なのである。

単に経済合理的マネジメントで人間を管理すると、短期的な業績は上げられても、長期的には組織は「不条理」に導かれることになる。経済合理性だけを追求すると、どうしても適度に安全性を無視したり、適度にルールを破ったり、適度に不正を犯したほうが合理的になってしまうからだ。

では、経済合理的マネジメントと人間主義的マネジメントを補完的に実践することによって、どのようにしてこの不条理を回避することができるのか。次に、これについて説明してみたい。

第Ⅲ部　人間主義的マネジメントとは

——ドラッカー、カント、小林秀雄《こばやしひでお》

第9章　経済主義と人間主義の統合としてのカント哲学

ドラッカー経営学とカント哲学

これまで、第Ⅰ部で現在の米国流の経済合理的なマネジメントの現状について説明し、そのようなマネジメントだけを追求すると、われわれは必然的に不条理に陥ることを説明した。

そして、第Ⅱ部では、この不条理を解決するには、非経済合理的マネジメント、特に人間主義的マネジメントも必要であり、そのようなものとしてドラッカーのマネジメントを説明した。

この章では、経済合理的マネジメントと人間主義的マネジメントがどのような関係にあり、それらを補完的に展開することによって、どのようにしてわれわれは不条理を回避したり、解決したりできるのか。これについて説明したい。

そして、これを可能にしてくれるのが、ドイツの哲学者、イマヌエル・カントの人間主義的哲学なのである。以下、カント哲学を通して、経済主義と人間主義的マネジメントの補完的関係について説明し、それによってわれわれはどのようにして不条理が解決できるのかを明らかにしてみたい。

カントの哲学における一貫したスタンスは、「人間は神ではない」ということであった。人間は完全ではなく、人間の能力には限界があるという一貫した立場である。当たり前のようであるが、このスタンスから、人間は他律的であるとともに自律的でもあるという、二面的な側面があるという人間観が生まれてくる。

このうち、他律的な存在としての人間を対象としているのが経済合理的マネジメントであり、自律的な存在としての人間を対象としているのが人間主義的マネジメントなのである。まず、前者の関係から説明していきたい。

カントのいう人間の他律的行動とは何か。それは、その行動の原因が自分自身にあるのではなく、自分の外に原因がある人間行動のことである。

たとえば、「なぜこのような行動をしたのか」という質問に対して、「上司に言われたのでやった」と言えば、それは他律的な行動となる。それは、自分の外にある上司の命令が原因になって行動しているからである。

同様に、「親に言われたからやった」だとか、「お金をあげると言われたのでやった」とか、「名声を得るためにやった」、あるいは「そういうルールとか制度があったのでやった」とか、「そのような状況に置かれればだれでもやる」というような行動は、すべて他律的な行動となる。

このような人にとって、その行動をとると最終的に決めたのは「自分」ではないのだから、こうした他律的な行動ばかりしている人間には、基本的に「責任(responsibility)」という概念は存在しない。したがって、カントは他律的な行動しか取れない人間のことを「未成年状態」にある人間、つまり子供であるといった。

これは、まさに最近注目されているユダヤ人政治哲学者ハンナ・アーレントが見たアドルフ・オットー・アイヒマンの行動である。何万人ものユダヤ人を効率的に処刑したナチス・ドイツの親衛隊中佐アイヒマンは、戦後、国外へ逃亡したが、イスラエルの特別警察の執念の捜索で発見され、アルゼンチンで逮捕された。そして、イスラエルに送られ、その残虐行為に関してエルサレムの法廷で裁かれた。

アーレントは、裁判を傍聴し、そこで見たものを著書『イェルサレムのアイヒマン』にまとめた。その中で、アーレントはアイヒマンについて「彼は自分のしていることがどういうことか全然わかっていなかった」と書いている。そしてホロコーストほどの惨劇をもたらした極悪行為を「悪の陳腐さ」と表現した。なぜか？

裁判において、アイヒマンは「上からの命令に忠実に従っただけだ」と何度も主張した。それゆえ、彼は神の前では有罪かもしれないが、法の前では無罪だというのである。

検察側は、彼の中にユダヤ人への憎しみや敵意を見出そうとしたが、見出せなかった。むしろ、彼にはユダヤ人の親戚がいて、いろいろと面倒を見てもらい、感謝の気持ちすら抱いていた。彼は組織内で出世したかったために、上からの命令に従って大量のユダヤ人を虐殺しただけだったのである。

こうして、アーレントは、最終的にアイヒマンが根源的な極悪人ではなく、平凡で小心な人物だと評し、だれでもがアイヒマンになりうるという警鐘《けいしょう》を鳴らした。自分のやっていることの意味を考えないごく普通の人間が、命令と服従の原理にもとづく組織の中では簡単に悪事を行なってしまうということ、これがアーレントのいう「悪の陳腐さ」という意味であった。

このアーレントの解釈は、ユダヤ人でありながらも、ナチスの肩をもつような議論を展開していると理解され、大きな議論を巻き起こした。

経済合理的マネジメントが陥る不条理

さて、この他律的人間行動の典型的なものが、実は経済学が仮定している「経済人」なのである。むしろ、このような人間の他律的側面を取り出して、徹底的に研究しているのが、経済学であり経営学なのであるといってもよいだろう。

人間には、このような他律的な側面があることは否定できない。むしろ、われわれ人間はおそらく行動の八割から九割まで他律的に行動しているといえるだろう。だからこそ、経済合理的なマネジメントは役に立つのである。

経済学や経営学では、人間にこのような他律的な側面がある限り、さまざまなインセンティブ（誘因）制度、たとえば昇進制度や賃金制度を設置することによって、他律的な人間を経済合理的にマネジメントでき、操作できると考える。

しかし、管理者側がこのような経済合理的な制度を考案し形成し導入するには、コストがかかる。特に、より完全な、すなわち綿密で詳細なルールや制度を考案して導入するには、膨大《ぼうだい》なコストを負担する必要があるだろう。

そして、他律的な管理者はこのようなコストにも反応する。また、たとえそのような完全な制度やルールが導入されたとしても、従業員にとってそのような完全で詳細な制度に従って行動することとそれ自体にもコストがかかる。

したがって、他律的な管理者は、完全な制度やルールを形成しないほうが、より経済合理的となるという不条理に陥ることになる。また、他律的な従業員も、たとえ完全な制度やルールが形成されていたとしても、それに忠実に従うよりも適度にルール違反をするほうが、経済合理的となるという不条理に陥るのである。

その具体的な例として、先に取り上げた原子力発電所の事故のケースがある。完全安全性を確保しようとするならば、非常に多くのルール、制度、そして安全装置などが必要となる。そして、そのために膨大なコストが発生する。

すると、高いコストをかけて安全性を高めることをしぶったり、そこで働く人たちも、安全性について手抜きをしたほうが、より「合理的」だということになるのである。

実際に、一九九九年九月三十日に、茨城県那珂《なか》郡東海《とうかい》村の住友金属鉱山の子会社であった核燃料加工施設、株式会社ジェー・シー・オー（JCO）が起こした東海村JCO臨界事故は、燃料加工の工程において職員が国の管理規定に沿った正規マニュアルではなく、より経済合理的な「裏マニュアル」を運用していたことが原因であった。それは、正規のプロセスを合理的に省略するものだったのである。

自律的な人間観

さて、最初に述べたとおり、カントは人間には他律的な側面と自律的な側面の両方があると考えていた。そして、人間が道徳的に生きるためには、単なる因果法則（AならばBとなる）が支配するような現象界に生きる「他律的＝動物的」な生き方ではなく、自律的な行動をとることが必要であると考えた。このカントの思考によって、経済合理的マネジメントがもたらす不条理は解決されうる。

自律的というのは他律的とは逆の意味である。何か行動を起こすとき、その原因が自分自身にあるような行動のことを自律的という。お金がもらえなくても、上司の命令がなくても、制度やルールがなくても、自ら進んで自分の意志で能動的に行動することである。

人間は、そのような自律的存在でもあるとカントは考えた。そして、カントは、そこに賭けた。つまり、それはカントが研究対象とする哲学の世界を開く道でもあった。というのも、もしも人間にこのような自由意志、つまり自律的な能力がなければ、人間はすべて刺激反応や因果法則によって説明することができ、それゆえこのような他律的人間行動を説明する経験科学だけが必要となり、哲学は不要となるからである。

さて、カントのいう「自由」とは、「何でもできる」という意味ではない。カントによれば、何でもできるという無制約の自由は神様の自由であり、それは人間の自由ではない。

人間の自由とは、「自律」という意味である。それは、外部の原因にとらわれないという意味で「消極的に自由」であるとともに、自分自身を原因として積極的に行動を始めるという意味で「積極的に自由」でもあるという意味である。これが、カントの人間的自由の意味であった。

このような自律的な行動は、刺激反応行動ではないので、因果法則的に説明することはできない行動でもある。それゆえ、それは自然科学が対象とするような因果法則的で表層的な「現象界」ではない。

そして、もし人間にそのような自律的能力があるならば、人間の自律的行動は「物それ自体の世界」に関わるような行動であり、そのような世界を変えていくものだということになる。このような世界こそ、科学ではなく哲学が対象とする世界なのだとカントは主張したのである。

自由に付いてまわる責任

さて、もしこのようなカントの意味での、自由意志にもとづく自律的行動が失敗したらどうなるのか。この場合、その失敗の原因は他でもなく自分自身にあるので、その行動の責任もまた自分自身にあるといえる。

それゆえ、自由な自律的行動には常に責任が伴うことになる。つまり、自律的行動は同時に責任を伴う道徳的行動でもあるといえる。言い換えると、自分に責任があるという行動は、その前に自由を行使し、自律的行動を起こしていなければならないのである。逆にいえば、人間は自由を行使してはじめて責任を伴うのである。それゆえ、自由を行使しない、自律的でない人間に責任を語る権利はないのである。

このように、カントによると、「自由」と「責任」は対概念であり、自由には常に責任が付いてまわることになる。開かれたイメージがつきまとう「自由」という概念と、閉ざされたイメージがつきまとう「責任」や「道徳」という概念が、こういった意味で等しくなるというのは、カントの驚くべき発見であった。自由なき責任はありえず、責任なき自由はありえないのである。

人間の自律性を引き出すマネジメント

このように、もし人間に自律的意志、すなわち自由意志があれば、人間は必ずしも常に他律的ではない。それゆえ、自分の外にある原因、つまりコストや利益、あるいは制度にとらわれずに、自律的に行動できることになる。

人間には、そのような自律的側面もあるのではないか。これがカントの考えであった。したがって、経済合理的なマネジメントだけでは、人間をコントロールすることはできないのである。

このカント的な人間の自律性を引き出すことができれば、会社は企業活動に関わるすべてのコストを負担することなく、つまり一方で経済合理性を追求しつつ、他方でメンバー一人ひとりが自分の負担でより安全性の高い、より正しい方向へと行動することができる。こうして不条理は解決できるのではないか、というのがカント的な解決方法なのである。

これを原子力発電所の安全性をめぐる問題を例に説明してみたい。まず、企業経営者は人間の他律性を利用し、安全性をめぐるルールや制度を形成し、設備を導入して

経済合理性と完全安全性の一致

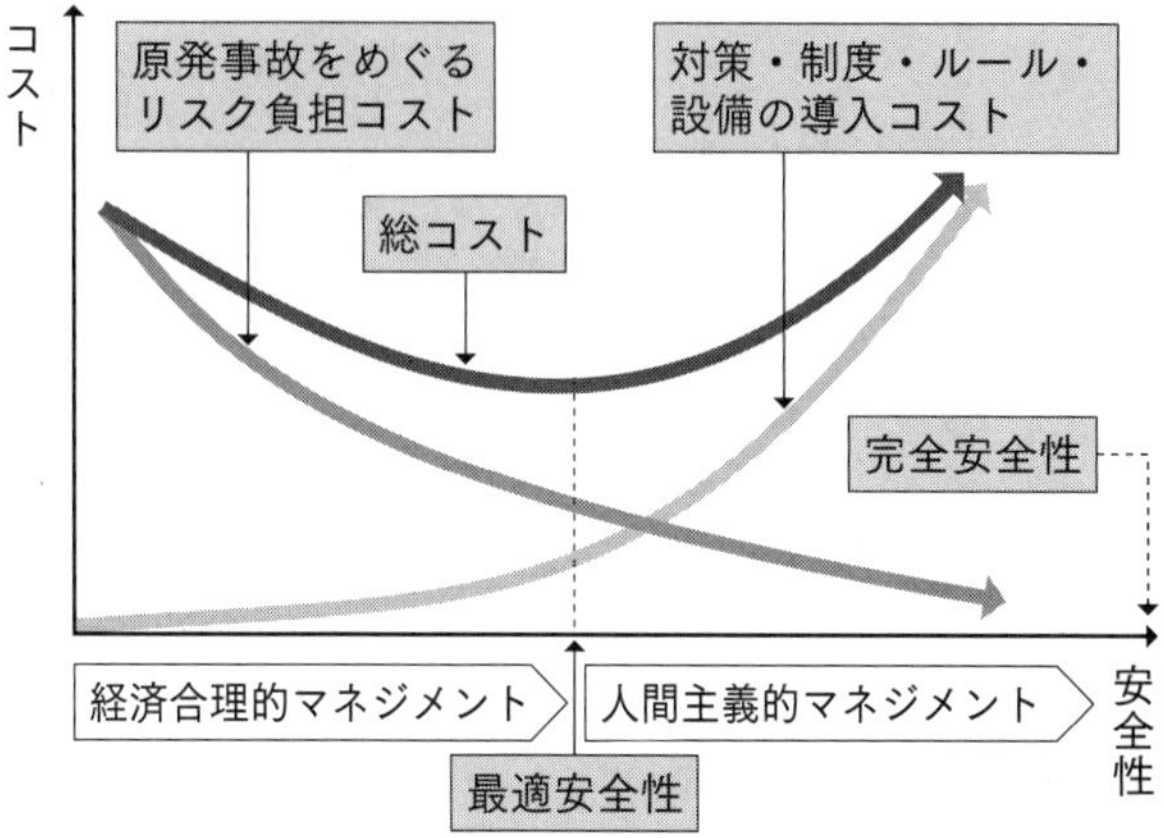

他律的に従業員を経済的に最適安全性まで到達させる。そこまでは、経済合理的マネジメントのもとに、企業は最小コストを負担することになる。

そして、ここからさらに人間主義的マネジメントのもとに従業員の自律性を引き出すことによって、より高い安全性を実現する。このような補完的なマネジメントのもとに、経済合理性の追求と完全安全性の追求は矛盾なく、両立することになる。

この場合、個々の従業員が自発的により安全な行動を行なう場合も、実際にはコストが発生する。しかし、これは企業が支払うのではなく、個々人が自律的に負担することになるだろう。それゆえ、見方によっては、このような個々人の行動はサービス残業と呼ばれるような行動になるのかもしれない。

しかし、その行動がコスト負担にとらわれない自律的意志にもとづく行動である場合、個々人はそれに対する報酬を要求することはないだろう。というのも、この場合、報酬を得るために他律的に行動しているわけではないからである。

このような人間の自律性を引き出すのが、人間主義的マネジメントと呼ばれるものであり、この人間主義的マネジメントを展開していたのが、ドラッカーなのである。

このような人間の他律的側面と自律的側面をしっかり認識し、経済合理的マネジメントと人間主義的マネジメントを展開できれば、企業は不条理に陥ることはない。つまり、経済合理性を追求しつつ完全安全性、つまり正当性も追求できることになる。

マネジメントにも必要な啓蒙

では、このような人間の自律性を引き出すために具体的にどうしたらよいのか。カントはドラッカーと異なり、哲学者であって経営学者ではなかった。

カントは、これまで述べてきたように、もともと人間には他律的な理性（理論理性）だけではなく、自律的意志（実践理性）もまた存在していると考えた。ただ、それに気づいていない人、あるいは勇気がなくて、怖くてそれを使えない未成年状態にある人が多いと考えていた。そこで、何とかしてその存在に気づかせ、そしてあえて使うように指導することが大事だと述べている。

そして、その自律性に気づかせる行動のことを、カントは「啓蒙」と呼んだ。これは、ドイツ語では「Aufklärung」、英語では「enlightenment」という言葉である。とにかく光を与えて、眠っているものを呼び起こすようにしなければいけないと説明している。

また、カントは、人間は生まれながらにして自由で自律的ではないとも述べている。たしかに、人間というのは、放っておけば、ほとんど他律的で責任逃れするような未成年状態にあり、動物的で物理的な存在である可能性は非常に高い。場合によっては、他人にいわれた通り行動するほうが楽だと考える人もいる。

しかし、人間には自律的意志が存在するのだ。それゆえ、他律的行動ばかり行なっている人間に対して、その行動を制止するかのように、いつかどこかで「こうすべきではなく、こうすべきである」という定言命法形式で自律的意志が現われ、理性の声が聞こえてくるとカントはいう。「金儲けのために武器を売り続けるのはやめたほうがいいね……」、「お金のために、人をだますのは良くないね……」。そういった声が聞こえてくるというのだ。

そして、このような事実を、カントはだれもが経験する「理性の事実」だという。この事実は経験科学的に、つまり因果論的に証明することはできない。というのも、そのような声は因果的行動に逆らうものだからである。しかしそれは、「理性の事実」として多くの人間が経験しているものなのだ。

そして、カントは人間として生まれたからには一度でいいから人間としての証を示すべきであると主張した。つまり、日頃から一〇〇%この内なる理性の声に従って自律的な行動を取るべきだというのではなく、たとえ九九%他律的であっても、いつかどこかで、一度でいいから自律的な行動をすべきだという。人間は完全ではないことを認めつつも、責任を伴う道徳的な行動をすべきであり、そのことを自覚しなければいけないのだと述べているのである。

もっと強くいうと、一度でもいいから人生において自律的行動を取ること、これが人間としての「義務」だというわけだ。そして、またカントはそこに物体とか動物にはない人間としての「尊厳」があるというのである。自律性の自覚とその実践について、未成年状態にある人間を啓蒙しなければならないのだ。

このカントの「啓蒙」を「マネジメント」としてより具体的に展開したのが、ドラッカーだったのである。

カントの「目的王国」とドラッカーの「真摯さ」

カントは、この自律、あるいは自由と責任から、人間組織における最高の原理ともいうべき重要な原理を導き出した。それは、まさにドラッカーの分権制組織の原理と同じものである。

すなわち、もし人間に尊厳や自由意志という動物にはないものがあるとしたら、ある個人が自分の自由を行使する場合、そのために他人の自由を無視してはならないということだ。なぜならば、他人にもそのような自由意志があるのだから、自分の目的を達成するために他人をモノや動物のように単なる手段として扱ってはならないというのである。

こうした、人間同士が互いの人格を目的として扱い、単なる手段として扱うことなく尊重しあう社会のことを、カントは「目的王国」と呼んだ。

したがって、人間組織をマネジメントする最高の原理として、カントが主張したのは（1）「自分自身の目的を達成するために、他人を単なる手段としてモノや動物のように扱ってはならない」であった。これが、カントの自由の法則である。

そして、それはまた（2）「ある人が従う行為の格律（行為原則）は他の人にとっても普遍的に成り立つようなものでなければならない」という形でも表わすことができる。というのも、そのような規則に従う行動は他人にも成り立つので、他人を手段とすることはないからである。

これが、カントが定式化した人間の行為原則である。それは、外界に成り立つニュートンの法則に対比される、内なる「道徳法則」なのである。

これらは、ドラッカーにとって人間組織をマネジメントするための最高の原理であった。このような原理は、一見、字面だけ読むと簡単そうに思える。しかし、実行することは非常に難しいものである。

また、この原理はドラッカーのいう信頼とか真摯さという言葉とも密接に関係していることに注意する必要がある。

先にも述べたが、ドラッカーは、経営者に必要な重要な資質の一つとして「真摯さ(integrity)」を挙げた。しかも、これは学ぶことができない。さらに、それは一緒に仕事したときにだけ、その人にあるのかどうかわかるという。それゆえ、その言葉をドラッカーの説明の中で理解するのは難しい。

しかし、これを、カントが目的王国において説明した言葉を借りて解釈することができる。すなわち、「真摯さ」とは「他人を常に目的として扱う」ということである。われわれが好きになれない人間、信頼できない人間とは、自分の個人的目的を達成するために、われわれをその単なる手段としてモノのように扱う人である。

「真摯」であること、「誠実」であることを、このような言葉で表わしてくれたという意味では、カントは素晴らしい人間組織のマネジメント原理をわれわれに与えてくれた。そして、これがヨーロッパの伝統である自由、責任、組織の最高原理なのだ。

以上のように、人間の他律性を利用する経済合理的なマネジメントだけではなく、人間の自律性を引き出すような人間主義的なマネジメントを展開することによって、われわれは不条理を回避することができる。

そしてまた、ここに驚きがある。戦前の日本のビジネス・エリートたちがカント哲学を学び、戦後、日本のビジネス・エリートたちがドラッカー経営学を学んでいることに驚くのだ。そこには、何か日本の経営に共通する伝統、われわれ日本人が守るべき何かがあるように思える。

第10章　日本人と自律的マネジメント

ドラッカー理論はきれいごとにすぎないか

　さて、これまで説明してきたように、経済合理的なマネジメントが必然的に陥る不条理を解決するためには、ドラッカーが主張する人間の自由意志、人間の自律的行為を引き出すようなマネジメントが必要となる。このことを、カント哲学を通して説明してきた。

　しかし、そもそも人間に自律的意志や自由意志といったようなものはあるのだろうか。やはり、人間はほとんどみな、動物的で他律的なのではないか。そう思う人も多いだろう。カントやドラッカーのいうことはきれいごとにすぎないと思う人は多いかもしれない。結局、人間はみな、お金のためとか、上司に怒られたくない、女性にもてたい、おいしいモノを食べたい、名誉がほしい、といった他律的な理由で行動しているのではないか、と。

また、カントやドラッカーはそもそも日本人ではなく、外国人なので、彼らの説明する議論は基本的に日本人には合わないのではないか。外国人にだけにあてはまる西洋人のマネジメントではないか。そう思う日本人もたくさんいるだろう。

ここでは、これらの疑問に答えてみたい。ドラッカーやカントの議論は、欧米人にだけあてはまるような局所的な話ではなく、人間に関する一般的で普遍的なものである。しかも、日本人には自律性があるということを否定できない事例がたくさんある。そのいくつかを、以下に紹介してみたい。

これらの事例によって、日本人にも自律的意志が存在し、カントやドラッカーの議論から多くのことを学べることがわかるだろう。むしろ、日本の企業にこそ経済合理的なマネジメントだけではなく、カント・ドラッカー的な独自の人間主義的マネジメントを取り入れるべきだといいたい。

福島原発事故に立ち向かう自衛隊員

二〇一一年三月十一日に発生した東日本大震災では、やはり人間には自律的な側面があることを認識させられる場面が多かったように思える。原発事故が発生したとき、現場は高い放射能で汚染されていた。それにもかかわらず、自衛隊員、消防隊員、そして現場の従業員たちは決死の覚悟で原子炉の冷却作業に向かった。その命がけの組織的行動に感動した人はたくさんいただろう。

では、彼らはなぜこのような行動をとったのか。高い割増し賃金をもらえると思ったからか。あるいはまた、上司の命令だから仕方なく作業を行なったのか。おそらく、そうではない。

実際、各地方の自衛隊はすべて中央からの命令を待って他律的に動いたわけではなかった。むしろ、全国各地の自衛隊員たちには早い時期に多くの情報が入っており、中央からの命令がいつきても対応できるように、比較的早い段階から自発的に動いていたのだ。

組織である以上、命令と服従の原理にもとづき、トップダウンで動くことも大事だが、非常時にそれが十全に機能することは難しい。ましてや緊急の事態においては、命令が届いてから行動しはじめたのでは遅いことも多い。手遅れにならないように、現場がすぐに事態の深刻さを察知し、ある程度自律的に動いていることが大切になる。東日本大震災における自衛隊では、そうした自律的な動きが見られた。

おそらく、多くの隊員は多額の特別手当やお金のことを考えたのではなく、自分たちの能力やいままで訓練してきたものすべてを発揮できる最高の場面がきたのだと思い、自分から積極的に自律的に行動した隊員も多かったのではないだろうか。

また、単純に軍隊式の命令に従って行動したのでもないだろう。上司の命令とは無関係に、日本のために命を懸けて、上司に言われなくとも自ら進んで行かなければいけないと思った人たちも多かったのではないか。

逆に、津波で東北の基地が破壊され、全部潰れてしまったために、せっかくこれまで苦しい訓練をし、その力を発揮する最高の場面がきたにもかかわらず、まったく仕事ができずに泣いていた東北の自衛官もいた。

そして、その後、多くの日本人がボランティアとして東北に行った。いずれもお金を儲けるために行ったわけでもないし、もちろん名声を得るためでもなかったと思う。また、だれかに強制されたわけでもないだろう。

これは、東京ガスの人から聞いた話だが、被災した東北地方のガス復旧のため、東京ガスも含め、全国のガス事業者が応援に駆けつけたときのことである。応援に行って帰ってきた人たちの話を聞くと、「疲れた」とか「割に合わない」といった言葉はほとんど聞かれなかったという。ほとんどの人が「役に立てて良かった」とか、「貴重な経験ができた」など、前向きな発言が多かったようだ。

このような光景や話を聞いて、私は、彼らの行動はまさにカントやドラッカーが述べているものであり、彼らは自らの内なる理性の声に従った自律的なものだと考える。彼らは、機械や動物とは異なり、人間としての義務を果たしたのだ。そこに人間の尊厳がある。そういったものに触れたので、われわれ多くの日本人はその行動に感動したのではないか。

山崎製パンの配送員がとった行動

別の事例もある。二〇一四年、山梨県甲府市では観測史上最多の積雪を記録し、この大雪の影響で道路に車が立ち往生するという被害が発生した。

こうした状況で、山崎製パンのトラックのドライバーが、動けなくなった他の車のドライバーたちに、積み荷のパンを自由に振る舞うという行動をとった。他の車のドライバーたちに「好きなだけもっていっていい」といったようだ。

これが、ネット上で話題になった。山崎製パンにとって、お金をとらずにパンを無料で配ったというこの従業員の行動は損失そのものであり、経済合理的マネジメントからすると、やはりお金をとってパンを販売すべきであった。この意味で、この従業員のとった行動は明らかに非経済合理的だった。

それにもかかわらず、なぜこの従業員はこのような非合理的な行動をとったのか。世間から誉められると思ってやったのか。あるいは、長期的に会社が得すると思ってやったのか。

おそらくそうではない。彼は「何かのため」といったことを考えてはいなかったと思う。そうした打算的な行動ではなく、その場にいるならば「こうすべきだ」という実践理性の内なる声に従ったのではないか。動物や機械にはない自律的な理性に従って行動したのではないか。

こうした従業員の行動を個人の資質に還元してしまうことは簡単だ。しかしこの場合、おそらくそれだけではない。このような従業員の行動から、この会社が日ごろから経済合理性だけを追求していないことが推測できる。この会社では、経済合理的なマネジメントだけではなく、人間主義的なマネジメントも普段から展開されているのだと考えられる。だから、こういった緊急の事態になったとき、従業員がこのような自律的な行動に出たのではないか。

こういった会社は、危機に遭遇しても不条理に陥らない。まさに、合理的に失敗しない会社なのだ。危機に陥って、給与が下がっても、従業員たちが身を削って助けてくれるような会社だと思う。景気が悪くなり、給料が下がったので、刺激反応的かつ他律的に別の会社に移るような従業員はそこにはいない。その意味で、非常に強い組織なのである。強い組織には、メンバーの自律性、自由意志が必要なのである。

そして、この事例からも、人間には「自律的」に行動する能力、自由意志が存在することを理解することができる。それは、われわれ人間に感動を与えてくれるのである。

豊島屋《としまや》の決断

さらに、こんな事例もある。二〇一三年、鎌倉《かまくら》市が夏の海水浴の警備や監視費用の財源を確保するために、海水浴場の命名権を売りだした。昨今は、競技場やホールなどで、こうした命名権を販売するケースが目立つ。企業は自社の名称やブランドを施設名に冠することで、PRとするのである。

結果的に、その命名権は「鳩サブレー」を販売する地元の豊島屋が獲得した。年間一二〇〇万円で、鎌倉市と一〇年間の契約を結んだ。マスコミはついに「鳩サブレー」海水浴場の誕生か、とおおいに騒いだ。しかし、結局、これまで通り、昔ながらの名称のまま変わらず、「由比《ゆい》ガ浜《はま》」、「材木座《ざいもくざ》」、そして「腰越《こしごえ》」海水浴場とすることを決めた。

なぜ豊島屋はこのような決定をしたのか。

豊島屋の経営者によると、鎌倉で生まれ育った人間として、そして会社として地元に恩返しをしたいという思いで手を上げたのだという。つまり、知名度や会社のステータスを上げるのが一番の目的ではなかったということだ。

やはり、この場合も、経営者は自律的な意志で行動したように思える。支払う額は年間一二〇〇万円と決して小さな額ではない。しかもそれは、将来のリターンに対する投資ではないだろう。それならば、自社のPRを優先させるべきであるし、もっと良い投資の方法もたくさんあるはずだ。

また、豊島屋は、これが逆に大きな宣伝になって、長期的には儲かると思ってやったのか。あるいは、これによって広く世間から誉められると思ってやったのか。そうではないだろう。やはり、この場合も、鎌倉という街を考えた上で、長年愛されてきた名称がなくなってしまうことを防ぎたいという、自律的な行為だったと考えるのが自然だ。

まさに、この豊島屋の事例からも、機械や動物とは異なる人間の自律的意志の存在を確認できるように思える。そして、この会社でも、おそらく経済合理的なマネジメントだけではなく、日ごろから人間の自律性を尊重するような人間主義的マネジメントが展開されているように思われる。

こういった人間主義的マネジメントを展開している日本の企業こそ、世界に対して誇りたい企業である。日本が世界に誇りたいのは日本企業の世界標準の科学技術だけではなく、このような人間主義的マネジメントにもあるように思う。そこには、感動があり、日本人の「粋《いき》」な姿がある。

第11章　小林秀雄「大和心」とマネジメント

科学的マネジメントの限界

　前章まで、ドラッカーのいう人間主義的マネジメントが決して外国人だけではなく、日本人にも妥当する可能性があることを、いくつかの日本の事例を用いて説明してきた。ここでは、さらにカントとドラッカーが主張している人間主義的マネジメントをより日本的なものとして解釈し、日本人に引きよせて考えてみたい。そこでキーワードとなるのが、小林秀雄がいう「大和心」という言葉である。

　はじめに述べたように、昨年、私は二年間のカリフォルニア大学バークレー校での留学を終え、帰国してからは、特に科学と哲学の関係について関心を強くもちはじめた。正確にいうと、米国留学中にすでにそのような哲学的な関心をもっていた。というのも、今日の米国の経営学研究があまりにも実証主義的で、科学至上主義的な傾向が強く、そこに何か大きな問題があるように思えたからである。

すでに説明してきたのだが、米国流の科学主義的な経済合理的マネジメントを追求すると、正当性や完全安全性を無視することが合理的だという不条理に導かれることになる。もっと一般化すると、われわれ人間が陥る不条理は、少なくとも以下の三つのパターンがある。

（1）効率性と正当性が一致しないとき、正当性を無視して経済効率性を追求して合理的に失敗するという不条理。

（2）個別と全体が一致しないとき、全体合理性を無視して個別合理性を追求して合理的に失敗するという不条理。

（3）短期と長期の結果が一致しないとき、長期的合理性を無視して短期的合理性だけを追求して合理的に失敗するという不条理。

経済合理的なマネジメントや科学主義的なマネジメントだけを展開すると、いつかどこかで、組織はこれらの不条理に陥ることになる。このような不条理な状況に対処するには、やはり日本のビジネス・パーソンが伝統的に好んできたドラッカー的、あるいはカント的な人間主義的マネジメントも必要だというのが、私の考えである。

したがって、米国流の科学至上主義的、経済合理的なマネジメントに対して、ドイツの経営学からも強い影響を受けているいくぶん哲学的な日本的経営学をどのように守るべきか。これが、経営学者としての私の課題である。

小林秀雄の科学観と「大和心」

こうした状況で、最近、同じことを、晩年の小林秀雄が独自のいい方で繰り返し述べていることに気づいた。彼によると、科学が求めているのは、原因と結果という因果関係であり、それは生活経験を認識することや、ものを本当に知ることにはつながらないという。

つまり、科学はいかに能率的に、有効に行動すべきかということを目指しており、なぜそうなるのかを理論的に説明することはできるが、ではどうすべきか、どう行動すべきか、ということを教えてくれないという。

彼は、晩年、この同じことをいろいろな形で語っている。「科学に負けてはいけないのだ」といういい方もしている。また、「知ることではなく、信じることも重要だ」といっている。これらは、すべて同じことである。また、彼によると、日本の学者は常に海外から流入されてくる科学的知識と戦う宿命にある。

昔は、中国から多くの科学的知識が日本に流入してきた。そういった状況で、当時の代表的な歌人であった大江匡衡《おおえのまさひら》の妻、赤染衛門《あかぞめえもん》の歌に「大和心」という言葉が登場する。

学識のある夫匡衡が赤染衛門に、乳母として奉公に上がった女性の乳が貧相なのを見て大丈夫だろうかという話をした。これに対して、妻である赤染衛門が「大和心」さえあれば、そんなことはたいした問題でないという歌を歌ったそうだ。

小林秀雄によると、これが日本の歴史上で「大和心」という言葉が出てきた最初だという。それは主に女性が使っていた言葉だった。当時、男性を中心に学問が展開されており、それゆえ男たちは中国から入ってくる科学的知識に溺れていたのだ。

ところが、日本の女性は科学的知識以上に重要な知というのをちゃんとわかっていた。そして、それを女性である赤染衛門が「大和心」という言葉で表わしたのだというのが、小林秀雄の解釈なのである。「大和心」は「漢心《からごころ》」の対語である。

このケースも、夫は、科学的な知識にもとづいて、乳が出ないならば乳母としてうまく働けないのではないかと心配しているが（実は、乳は知にかけている）、妻である赤染衛門のほうはそんな科学的知識よりも、「大和心」さえあれば大丈夫だと述べているのだというのである。

「乳母せんとて、まうで来りける女の、乳の細く侍りければ、詠み侍りける」と詞書があり、次に夫である博士の歌、「果なくも　思ひけるかな　乳もなくて　博士の家の　乳母せむとは」、ここで「乳もなくて」の「乳」を、「知」にかけている。これに対して、妻赤染衛門のかへし、――「さもあらばあれ　大和心し　賢くば　細乳に附け

て　あらすばかりぞ」（赤染衛門の歌「後拾遺和歌集」）（『小林秀雄全集』第十四巻　新潮社　二〇〇二年）

「大和心」とマネジメント

では、この「大和心」とはいったい何か。ここで、小林秀雄が追求している「大和心」とは、私がドラッカーやカントを通して本書で一貫して探してきたものと同じものである。それは、科学的知識ではなく、人間の誠実さや真摯さに関わることであり、「もののあはれ」を理解できる心である。

今日、われわれは「あはれ」というと、「かわいそう」とか、「ふびん」という言葉を思い浮かべてしまう。しかし、本当の意味はそうではない。本居宣長《もとおりのりなが》は、悲哀、うれし、おかし、かなし、こひし、おもしろきこと、おかしきことなど、情に感ずることとは、みな「阿波礼」なのだといった。人の心を強く打つような感動や、しみじみとしたおもむきなど、情に感ずることは、すべて「あはれ」なのである。

このように解釈すると、本書で説明してきたドラッカーやカントの話と結びつく。

なぜ人間の自律性や自由意志に関わるような行動や出来事に触れると、われわれは感動するのか。それは、普段、他律的に現象的なことに流されているわれわれが、人間の本質に触れるからである。

このように、もののあはれがわかる人は、自分の部下を物質や動物のように扱うことはないだろう。まさに、一人の価値ある人間として扱おうとするだろう。日本の経営者は、米国流の経済合理的マネジメントだけではなく、ぜひともこの「大和心」にもとづく人間主義的マネジメントも展開する必要があると思う。

宣長は、次のような歌を詠《よ》んでいる。

「敷島のやまとごころを人問はば　朝日に匂ふ山桜花」

以下では、経済合理的マネジメントだけではなく、この人間主義的で大和心のあるマネジメントを展開していた人物の事例をいくつか紹介してみたい。

松下電器とダイエーの違い

松下電器の松下幸之助《まつしたこうのすけ》社長とダイエーの中内㓛《なかうちいさお》社長とのビジネス上の戦いは、非常に有名な話であり、いまでは知らない人はほとんどいないかもしれない。これまで、この戦いをめぐっていろんな解釈がなされてきたが、以下のような見方もできるだろう。

一九六四年、東京オリンピックの年、販売競争が激しくなった小売業者に対して、松下電器は自社の製品に関しては「一五％までの値引き」という限度を提示した。しかし、この要請を無視したのが、当時のダイエーの中内㓛社長であった。結局、中内は二〇％の値引きで、家電製品を独自に販売した。

これが発端となって、その後、この二つの会社の関係は、急速に悪化した。松下電器は、ダイエーに対して一切製品を卸《おろ》さないことを決めた。これに対して、ダイエーは松下電器を独占禁止法違反の疑いで告訴した。こうして、両者の関係は決定的になった。

なぜ、このような事態になったのか。松下電器創業者の松下幸之助には哲学があり、強い信念があり、そしてまた持論があった。つまり、メーカーには大勢の従業員と系列販売店の生活を守る義務がある、こういった強い意志が松下幸之助の行動の背後にはあったのだ。

松下幸之助は、一方で経済合理的に利益を追求する経営者であるとともに、他方では国家のために尽くしたいと願い、従業員に対しても、もののあはれを理解できる「大和心」をもった経営者であった。

たとえば、販売競争が激しくなる中、多くの人々の雇用を守り、あえて余裕ある価格をメーカーが設定する必要があると考えた。この意味で、彼のマネジメントには、経済合理的なマネジメントを超えたものがあった。それは、通常の経営者が見ると、まったく非合理的なものだったにちがいない。

しかし、その松下幸之助の非合理性に、多くの従業員は深い意味を汲み取り、彼を信じた。多くの人たちが、松下幸之助のマネジメントを理論的に「知ろう」としたのではなく、まさに実践的に彼を「信じた」という点が重要である。

だからこそ、そのような態度を取る従業員には強い責任感があった。信じたからには何があってもついていこうという気持ちが責任感をもたらしたのである。それが、当時の松下電器の強さでもあった。そこには、自由と責任の原理にもとづく組織があった。それは、命令と服従の原理にもとづいて経済合理的に売上目標だけを効率的に達成する組織ではなかった。

これに対して、ダイエーの創業者である中内切社長の考え方は違っていた。中内は、きわめて合理的な人物であり、彼のマネジメントはまさに経済合理性を徹底して追求するものであった。

それゆえ、ときには批判されることもあった。たとえば、ライバルのスーパーのすぐ横にダイエーを出店するという形でビジネスを展開し、売上を急速に伸ばしていくそのやり方は多くの批難を受けた。

中内の経営には、一切の妥協がなかった。松下電器がダイエーへの出荷を停止したときも、ダイエーは倒産した電器屋から松下電器の製品を仕入れ、メーカーによって貼られた製品管理シールを剝《は》がして身元を隠して販売するという形で徹底的に抗戦していた。

こうして、中内率いるダイエーは、メーカーが口を出せないほど巨大な流通帝国を作り上げることに成功した。それはまた、彼の経済合理的マネジメントの勝利でもあった。中内は「価格を決めるのはお客さん。安いものを届ければ、消費者が喜ぶ」を徹底していたのである。

徹底的に消費者目線に立つ彼の考えは、まさしく消費者主権にもとづく経済学理論に従うきわめて経済合理的なものであった。理論的にいえば、中内が何度も主張していたように、メーカーが価格決定権をもっているのは非理論的であった。

この両者の争いは、松下幸之助が亡くなった後、一九九四年に正式に和解するまで約三〇年間も続いた。結果として、メーカーは価格決定権を完全に流通に奪われた。いまでは、ヤマダ電機、ビックカメラ、そしてヨドバシカメラなどの量販店に、メーカーが社員を派遣して販売を助けるのが、当たり前の時代となった。

しかし、その立役者であるダイエーは、バブル崩壊後、売上が一気に落ちて経営危機に陥った。そして二〇〇四年には産業再生法の適用を受け、現在では大幅に事業を縮小して、イオングループの傘下に入っており、今後、ダイエーブランドは廃止される方向だ。

ダイエーの業績悪化の大きな理由は、店舗の数、すなわち規模の大きさが仇《あだ》となったことにある。景気が悪くなっても身動きが取れなかったのだ。一方で、規模の追求は、それまでは経済合理性があったのだ。他方、短期的に合理性を追求した結果、長期的に環境の変化に対応することができなくなった。これはまさに「不条理」である。

ただ、それでもダイエーが生き残る道はあったのかもしれないと、私は考える。会社の生き残りは必ずしも経済合理性だけに支えられているわけではないからである。従業員や地域に愛される企業が苦境に陥ったとき、周囲の関係者はどうするだろうか。

たとえば、近年のパナソニックは不況の中、長く苦しんでいたが、現在復活をかけて従業員をはじめ関連会社や利害関係者が支えているように思える。こうした動きは、経済性の側面だけから見ていては、非合理的なものでしかない。

これに対して、ダイエーが苦境に陥ったときの周囲の反応は冷たかった。儲からないと見た銀行や関連企業、従業員ですらも、すぐに離れていった。それは、経済合理的な経営だけを追求していたことが招いた「不条理」な事態であるとも考えられる。

小林秀雄が「大和心」に見ていたように、社会は経済合理性だけで成り立っているわけではない。しかし、経済合理的な視点のみでビジネスをしている企業には、経済合理的な関係者しか集まらない。もちろん、経営は慈善事業ではないが、経済的には非合理的なサポートが必要になったときにそれを受けられるかどうかは、常日頃の経営のやり方が大きく影響するものである。

フィルムからデジタルへの移行は合理的な判断か

タイプライターがワープロに代わり、レコードがCDに代わり、そして写真フィルムがデジタル・カメラに変化することによって、会社存亡の危機に陥った企業が二つある。イーストマン・コダックと富士フイルムである。

結局、コダックは倒産、米連邦破産法を申請し、現在、細々と営業している。他方、富士フイルムは本業を捨てて多角化に成功し、前よりも大きな会社となって進化を遂《と》げている。この二つの会社の何が異なっていたのだろうか。

コダックは、ジョージ・イーストマンによって一八八〇年に設立された伝統的な米国企業だった。本社はニューヨーク州ロチェスターにあり、特に、写真フィルムとカメラの会社として、一〇〇年もの間、市場を支配しつづけてきた。絶頂期には、米国フィルム市場の九〇％のシェアを占有していた。

しかし、一九九〇年代末、デジタル・カメラが普及しはじめたために、コダックの写真フィルムの販売が大幅に落ち込み、資金難に陥った。多くの人々は、コダックはデジタル・ビジネスへの移行に失敗したとコメントしているが、皮肉なことに、コダックが今日、デジタル・カメラに利用されているコア技術を一九七五年に世界ではじめて発明していたのである。

二〇〇〇年代になると、経営を立て直すために、コダックは写真フィルム事業を主要事業として続けながらも、他方でデジタル・カメラとデジタル・プリントへと事業を拡大した。同時に、積極的に特許訴訟を通して資金を獲得しようともした。さらに、コダックは経営破綻《はたん》を避けるために、多様な技術の特許を売り出したり、貸し出したりもした。

たしかに、コダックの経営陣は、経営学の教科書通りに株主利益を第一に考えて合理的に行動していた。しかし、それはアドホック（場当たり的）な問題解決でしかなかった。二〇一一年までに、さまざまな形で経済合理的なマネジメントが展開されたが、コダックは、結局、回復できなかった。こうして、二〇一二年の一月、コダックは米連邦破産法11条（Chapter 11 bankruptcy protection）を申請した。

これに対して、富士フイルムは一九三四年に大日本セルロイドの写真ビジネスを引き継ぎながら設立された日本の会社である。そして、国内で独自に写真フィルムの生産に成功した会社でもある。

一九五〇年代までに、すでに富士フイルムはさまざまなタイプのフィルムを独自に開発し、生産していた。マイクロフィルム、工業用X―レイフィルム、カラーフィルム、フジタックなどである。

そして、一九八〇年代には富士フイルムは海外生産もはじめ、グローバル化を急速に進めていった。その後、コダックの最強のライバルとなる。特に、富士フイルムがロサンゼルス・オリンピックのスポンサーになったことが決定的であった。それが、世界進出への足掛かりとなり、グローバル企業へと成長し、急速に発展していった。

しかし、一九九〇年代末、コダックと同様に、富士フイルムもまたデジタル・カメラの普及とともに、主力の写真フィルムの需要が大幅に落ち込み、危機に陥った。しかし、富士フイルムは、古森重隆社長のもとに、生き残るために新しいものを一から創り出すというよりも、既存の技術をさまざまな形で応用し、再利用し、そして経営資源や事業を再編成して、環境の変化に適応しようとした。

たとえば、富士フイルムは既存のフィルム技術を生かして液晶パネルの保護フィルムを開発した。また、驚くべきことに、フィルムの乾燥を防ぐコラーゲン関連技術を利用して新しい化粧品も開発した。さらに、事業構成や組織構造自体も大幅に変革し、再構築した。

さて、一般にコダックは変化する環境に対応できず、非合理的であったといわれている。これに対して、富士フイルムはデジタル・ビジネスへと合理的にシフトしたとされている。あるいはまた、コダックは環境の変化を認識できず、非合理的に現状に留まったのに対して、富士フイルムは環境の変化を的確に読みとり、合理的に変化に対応したともいわれている。

しかし、これは間違った認識である。かつてMITでコダックの冠講座の教授だったレベッカ・ヘンダーソン（現在ハーバード大学）教授は、雑誌のインタビューで、コダック破綻について聞かれたとき、コダックの経営者は環境の変化を十分認識し、環境に適応しなければならないと考え、そのように行動していたと述べている。

事実、コダックの経営陣は、常に株主利益を考えてきわめて経済合理的なマネジメントを展開していた。まさに、米国流の経済合理的マネジメントに従って、可能なかぎり効率的な経営を展開していたのである。

しかし、経済合理的に行動していたがゆえに、コダックは失敗したのである。つまり、不条理に陥ったのである。先に述べたように、コダックは世界ではじめてデジタル技術の開発に成功した。それゆえ、コダックはすぐにデジタル・カメラを開発し、それを販売すべきであった。しかし、それができなかった経営陣は非合理的だったといわれている。

ところが、当時、コダックの写真フィルムとフィルム・カメラは売れていたのであり、そのビジネスから多くの利益を生み出していた。そのような状態で、あえてデジタル・カメラビジネスへと移行することは、既存の利益を捨てること、つまり自殺行為を意味していた。

それゆえ、当時、株主を含む多くの利害関係者を説得する必要があった。そして、そのような交渉・説得・取引コストは、当時、かなり大きかったことは容易に推測できる。

これに対して、富士フイルムの古森重隆社長が展開したマネジメントは、必ずしも経済合理的なものではなかった。古森社長は、インタビューに答え次のようにいっている。当時、コア事業が消滅するのはもはや時間の問題だったが、デジタル製品は、すでにソニーやカシオなどの日本の企業がリードしていたので、そこに参入しても勝ち目はなかった。その時点では、選択と集中すべき分野すら明確ではなかった。

このような不確実な状況の中で、古森社長が展開したのは可能性のあるものは何でもやるという多角化戦略であった。この意味で、古森社長が展開した戦略は経済合理性にもとづくものではなかった。

社長自身がその道を信じたのであり、それに賭けたのである。それは、真に自律的な経営者でなければできないことだ。経済合理性を超えて、将来に向けての判断をくださなければならないからである。それができるのが、人間主義的マネジメントなのである。

二つの方法で多角化が展開された。一つは企業買収を通して多角化することであった。まず富士ゼロックスの株式を買い占めて子会社とし、成功を収めた。そして、次に富山化学工業を買収して、医薬品へと進出した。エボラ出血熱の特効薬になるのではないかという「アビガン」を開発していることでも話題になっている。

他方、既存の高度技術・知識・資源を徹底的に再利用した新しい製品開発を促した。そして、その結果、化粧品やサプリメントなどの業界へと進出していった。

また、古森社長は、会社の再生プロセスでは経済合理的に利益をあげるというよりも、どうやって会社を生き延びさせるか、ただそれだけを考えたといっている。生き延びるとは生まれ変わることであり、会社を再生することであると述べている。

しかし、もっと重要だったのは株主ではなく、もしこの企業が倒産すれば、多くの従業員とその家族が路頭に迷うということだったという。そこには、経済合理的な経営だけではなく、もののあわれを理解する大和心の経営が展開されていたように思われる。

身近な大和心のマネジメント

最後に、大和心のマネジメントを発揮できなかった私のささやかな失敗談についてお話ししたい。いま、私が指導している大学院生の中に中国出身の女子学生がいる。日本で就職したいということで、いろいろな会社の就職面接を受けていた。

ある日、ゼミが終わり、偶然、駅に向かう途中で彼女と出会い、駅まで話をしながら歩いていった。彼女は明日、自分が最も行きたい会社の面接があるという。そこで、私は彼女がはたして合格するのかどうかを分析するために、明日は何人ぐらいの学生が面接を受けるのかとか、明日はどのぐらいの学生が落ちそうか、ライバルの学生のレベルはどうかなど、いろいろ聞いてみた。

それは、あくまで彼女に勝算があるのかどうかを、できるだけ論理的かつ科学的に分析するためであった。しかし、これが小林秀雄のいう科学者のダメなところだったのだ。そんなことを、科学的に分析しても必ずしも意味がない。ただ、むなしいだけなのだ。それがわかったのは、駅で彼女と別れるときに、彼女が私に次のことをいったときだった。

「先生、わたしに元気をくれませんか？」

彼女にとって、これまで私が展開してきた科学的な分析なんてまったく意味がなかったのだ。ただ、「君なら大丈夫！」「自分に自信をもって！」という平凡でありふれた言葉で彼女を元気づければ、それで良かったのだろう。それが大和心だったのだと後で、気がついた。

以下は、小林秀雄の講演の一部である。米国経営学に追従する研究者に捧げたい。

「知識と反対のものを大和心というのです。だからこういう大和心とか、大和魂という言葉がおそらく女が発明したんであろうと思うのはですね。そのころ、知識、学問というのは、みんな男がしてたでしょう。しかも、それはみんな漢文だったでしょ。大和の言葉ではないんだね。漢文ばかりやってると、どうして人間はこうも馬鹿になるか、と宣長は考えたのです。

だから、こういう歌でもそうでしょ。こんな歌を詠むような亭主が、これがその頃の一番の博士です。文章博士です。大江匡衡というと大江家では代表的な博士です。こういう博士がだね。こういう馬鹿な歌を詠んでるんです。

そうすると、その女房が『なんとうちの亭主は馬鹿だろう』と、こう思ったのです。けれど、この馬鹿になる元は学問にあったのです。今とおんなじじゃないか。今なんか、学問をしている奴が一番馬鹿だろう。そう思わない。君。それは、学問が人間を馬鹿にするんです。つまり、人間の生きた知恵をだね、学問が奪うんです。

本当なら、学問てもんはね、人間の知恵を君、生かさなきゃならんものでしょうが。それを、今、逆に働いていることを諸君はよく感じないか。今の学校なんか見てみ。感じるだろう。あれは何が元だ。何が元かというと学問なんです。それは、みんな利口になったから、ああなったんです」（『小林秀雄講演　第一巻　文学の雑感』新潮社CD　二〇〇四年）

経済合理的マネジメントと人間主義的マネジメントの補完は、可能か

最後に、経済合理的なマネジメントと人間主義的なマネジメントを補完的に行なうことに成功すると、どのようなことが起こるのか。簡単な事例を用いて説明したい。

あるテーマパークのレストランに若い夫婦がやってきた。それぞれ食事を注文した後、お子様ランチを注文した。これに対して、ウェイトレスはマニュアル通りに、「大人だけのお客様にはお子様ランチはお出ししておりません」と答えた。ここまでのウェイトレスの行動は、命令と服従の原理に従う経済合理的なマネジメントのもとに展開される普通のものである。

それでも、その若い夫婦は食い下がり、次の話をした。実は、その夫婦には小さな子供がいて、いつもこのレストランで食事をしていた。ところが、最近、その子が亡くなった。その子を偲《しの》び、できれば一緒に食事をしている気持ちになりたいと思って、注文したという。

ウェイトレスは、その話を聞き、「わかりました」と言って注文を受けた。やがて、お子様ランチが運ばれてきた。ここまでは普通だろう。しかし、問題はウェイトレスが取った次の行動である。そのウェイトレスは、同時に幼児用の高い椅子を運んできて、夫婦の間にそっと置いたのだ。

このウェイトレスのサービスに、夫婦はいたく感動し、涙を流したという。これが、人間主義的なマネジメントにもとづく自律的な行動である。このような行動に対して、何の割増賃金も支払われるわけではない。それにもかかわらず、彼女は自律的に行動した。

おそらく、このレストランでは、経済合理的で他律的マネジメントだけではなく、普段から人間の自律性を引き出すような人間主義的マネジメントも展開されていることが推測できる。

その従業員は自らの意志で自律的にその組織に参加して働いているので、他の場面でも、客の満足を引き出せる行動を取ることができるだろう。また、よその組織から声をかけられても移動しないだろう。このような組織は、不条理に陥ることがない強い組織なのである。

こうした話は決して特別な話ではない。きわめて日本人的な話だといえる。

このような従業員がたくさんいる会社、このような従業員をたくさん育てている会社では、経済合理的な他律的マネジメントだけではなく、自律性を引き出すような人間主義的マネジメントも補完的に展開されている。すなわち、経済合理性と正当性（完全安全性）が同時に追求されているのである。

おわりに

停滞する日本経済の現状を打破するために、これまで日本政府は若い人たちが企業を起こすことをいろんな形で奨励してきた。その影響もあって、今日、日本には新しいビジネスを起こすことを熱望するたくさんの若者がいる。

いつの日か起業することを夢見て、勉学に励むことは素晴らしいことだ。目的は、夢を叶えることや、お金を稼ぐこと、名声を得ることなど、いろいろあるだろう。私が気になるのは、そのための手段として米国式のマネジメントだけを学ぼうとする傾向にあることだ。

ビジネススクールでMBAを取り、外資系のコンサルティング会社や証券会社を経て起業して活躍している人は多い。その姿を見て、そうした人が学んだと思われる経済合理的なマネジメントを学びたいと思っている若い学生たちが、大学にはたくさんいる。

もちろん、経済合理的な思考法を身につけることは役に立つ。しかし、米国流の経済合理的なマネジメントだけではだめなのだ。そのようなマネジメントだけを展開すると、いつかどこかで不条理に陥ることになる。経済効率性を追求して不正を犯したり、短期的な利益に目を奪われて長期的利益を無視したり、個別利益にこだわって全体利益を無視してしまうことになる。つまり、合理的に失敗することになる。

このような不条理を避けるには、ドラッカーのような哲学的、人間主義的なマネジメントも必要なのであり、しかもドラッカーを読むことが決して世界に後れをとることではない。それは、いまだ役に立つ。

むしろ、若いときにこそ、このような勉強や研究をする必要があるとさえいいたい。このことを示すことが、本書の目的であった。この目的を達成するために本書で展開された内容を改めてここで要約してみたい。

第Ⅰ部……経済合理的マネジメントと不条理

まず、本書の第Ⅰ部で今日米国で展開されている実証主義的で経済合理的な研究には限界があることを示した。科学の名のもとに、統計的手法を駆使しているが、そこには統計学の乱用がみられる。

特に、因果命題と相関命題の混同が多く、提案され実証されている命題のほとんどは因果命題ではなく、単なる相関にすぎない。そして、残念ながら単なる相関はどちらが原因でどちらが結果かがわからないので、技術的知識として役に立たない。

また、反証と実証の非対称性が十分理解されていない。つまり、論理的に普遍命題は反証できるが、実証することはできない。このことが十分理解されていないために、反証されなかったことがそのまま真理として実証されたことになるという誤りを犯している学者は多い。

しかも、経済合理的マネジメントは、われわれを不条理に導くことになる。たとえば、経済効率性を追求すると、長期的な利益や致命的な危険を回避するための安全性の実現を放棄することになるのだ。

したがって、企業家を目指してひたすら経済合理的なマネジメントだけを学ぶ若いビジネス・パーソンは危険である。そのような人たちは、ビジネスを展開する過程で、いつかどこかで不条理に陥ることになるだろう。

第Ⅱ部……ドラッカーの人間主義的マネジメント

次に、このような不条理、あるいは合理的失敗を避けるためには、経済合理的なマネジメントとは別のマネジメントが必要となる。その一つが、ドラッカーの人間主義的マネジメントである。

ドラッカーのマネジメントの目的は、利益最大化ではないし、株主価値最大化でもない。それゆえ、それは経済合理的なマネジメントではない。ドラッカーは企業を新しい自由な産業社会を形成する主体として位置づけていた。

そのような役割を担う企業の目的とは何か。それは、顧客の創造であった。その意味は、顧客の声を聞いて、それに従って受動的に製品を生産し販売することではない。逆である。企業経営者は積極的に自由意志を行使して、イノベーションを起こすべきだといっているのである。

そのイノベーションが新しい顧客を生み出し、やがて新しい産業を形成することになる。これが、ドラッカーの考えであり、メッセージであった。

そして、さらにそのような自律的で自由を行使し、新しい自由な産業社会を形成する明日の経営者を育成するために、企業経営者だけではなく、ミドル・マネージャー、その他の従業員もまた、日ごろから自由を行使する必要がある。これがドラッカーのマネジメントなのである。

不条理を避けるには、このような自由意志に関わる人間主義的マネジメントが必要なのである。

第Ⅲ部……経済主義と人間主義を結びつけるカント哲学

最後に、経済合理的マネジメントとともに、ドラッカーの人間主義的マネジメントを補完的に展開することによって、どのようにして不条理が解決されうるのか。これを、カント哲学を通して説明した。

カントによると、人間は一方で他律的であるとともに、他方で自律的な存在でもある。この人間の他律性を対象としているのが、経済合理的マネジメントなのである。人間はコスト・ベネフィットに他律的に反応するので、経営者はさまざまな経済制度やルールを組織内に形成することによって従業員を誘導することができる。

しかし、経済制度やルールに従うことそれ自体が従業員にとってコスト負担となるので、他律的な人間はあまりに多くのルールが設定されると、それを無視したり、手抜きしたほうが合理的という不条理に陥る。それゆえ、経済合理的マネジメントだけでは不十分なのである。

この不条理を回避するには、何よりも人間の自律性を引き出す人間主義的マネジメントが必要となる。人間には、制度やルール、あるいは上司の命令がなくても、自律的に自ら行動する能力がある。この人間の自律性を前提として、普段から人間の自律的な能力を引き出すようなマネジメントが必要なのだ。そのようなマネジメントの一つが、ドラッカーによって展開された人間主義的マネジメントなのである。

もし従業員の自律性が引き出せれば、経済合理性と正当性を近づけることができる。つまり、まず経済合理的マネジメントのもとに従業員の他律性を引き出し、経済的に最適な程度まで正当性を守る。

しかし、その程度の正当性では不十分である。そこで、ここから人間主義的マネジメントのもとに人間の自律性を引き出し、従業員個々人に自律的に正しい行動を行なってもらう。この場合、その自律的な行動に伴うコストは各自が負担することになるが、自律的に行動する個々人にとってそれらは負担や重荷にはならないのである。

以上のように、人間の他律性を引き出す経済合理的マネジメントとともに人間の自律性を引き出す人間主義的マネジメントを補完的に展開することによって、企業は不条理を回避することができる。

日本的なマネジメントに向けて

さて、ドラッカーやカントが展開する人間主義的マネジメントや哲学は、実は西洋人のためだけのマネジメントであり哲学ではないかという疑問があるかもしれない。しかし、決してそうではない。そのことを示すために、本書ではそのようなマネジメントが、実は小林秀雄が晩年追求していた「大和心」に関係していることも明らかにした。

われわれ日本人は、いまも昔もたくさんの科学的知識を海外から輸入している。しかし、そのような科学的知識だけでは解けない問題が、ビジネスの世界にはたくさんある。

地雷や大量殺人兵器を販売してでも利益を獲得するべきかどうか。アダルトビジネスに参入してでも利益を獲得したいのかどうか。日本国にとって不利益になるようなビジネスでも展開すべきかどうか。こういった問題に、科学は答えてくれないのである。

このような問題状況に必要なのは、実は小林秀雄が晩年追求していた大和心なのであり、ドラッカーやカントが追求していた自由意志や自律的意志であり、実践理性なのである。言葉は異なるが、それらは本質的に同じものである。

参考文献

〈ドラッカーの著作〉

ピーター・F・ドラッカー（2006）『ドラッカー：わが軌跡』上田惇生訳、ダイヤモンド社
ピーター・F・ドラッカー（2007）『「経済人」の終わり』上田惇生訳、ダイヤモンド社
ピーター・F・ドラッカー（2008）『産業人の未来』上田惇生訳、ダイヤモンド社
ピーター・F・ドラッカー（2008）『企業とは何か』上田惇生訳、ダイヤモンド社
ピーター・F・ドラッカー（2006）『現代の経営（上・下）』上田惇生訳、ダイヤモンド社
ピーター・F・ドラッカー（2006）『断絶の時代』上田惇生訳、ダイヤモンド社
ピーター・F・ドラッカー（2008）『マネジメント――課題、責任、実践（上・中・下）』上田惇生訳、ダイヤモンド社
ピーター・F・ドラッカー（2008）『傍観者の時代』上田惇生訳、ダイヤモンド社
イマヌエル・カント（1961）『純粋理性批判 上』篠田英雄訳、岩波文庫
イマヌエル・カント（1961）『純粋理性批判 中』篠田英雄訳、岩波文庫
イマヌエル・カント（1962）『純粋理性批判 下』篠田英雄訳、岩波文庫

イマヌエル・カント（1979）『実践理性批判』篠田英雄・波多野精一・宮本和吉訳、岩波文庫
イマヌエル・カント（1980）『道徳形而上学原論』篠田英雄訳、岩波文庫
入山章栄（2012）『世界の経営学者はいま何を考えているのか』英治出版
岩崎武雄（1952）『西洋哲学史』有斐閣
岩崎武雄（1965）『カント「純粋理性批判」の研究』勁草書房
岩崎武雄（1977）『カントからヘーゲルへ』東京大学出版会
上田惇生（2011）『100分de名著　マネジメント　ドラッカー』NHK出版
上田惇生（2006）『ドラッカー入門―万人のための帝王学を求めて』ダイヤモンド社
菊澤研宗（2000）『組織の不条理』ダイヤモンド社
菊澤研宗（2004）『比較コーポレート・ガバナンス論』有斐閣
菊澤研宗（2006）『組織の経済学入門―新制度派経済学アプローチ』有斐閣
菊澤研宗（2007）『「命令違反」が組織を伸ばす』光文社新書
菊澤研宗（2007）『なぜ上司とは、かくも理不尽なものなのか』扶桑社新書
菊澤研宗（2008）『戦略学―立体的戦略の原理』ダイヤモンド社
菊澤研宗（2009）『組織は合理的に失敗する』日経ビジネス人文庫

菊澤研宗（２００９）『戦略の不条理―なぜ合理的な行動は失敗するのか』光文社新書
菊澤研宗（２０１０）『企業の不条理―「合理的失敗」はなぜ起こるのか』（編著）、中央経済社
菊澤研宗（２０１１）『なぜ「改革」は合理的に失敗するのか―改革の不条理』朝日新聞出版
菊澤研宗（２０１２）『失敗の本質――戦場のリーダーシップ篇』（共著）、ダイヤモンド社
小林秀雄（２００２）『小林秀雄全集　第十四巻』新潮社
小林秀雄（２００７）『小林秀雄講演』（全4巻）新潮社
古森重隆（２０１３）『魂の経営』東洋経済新報社
ジャック・ビーティ（２０１１）『ドラッカーはなぜ、マネジメントを発明したのか：その思想のすべてを解き明かす』平野誠一訳、ダイヤモンド社
仲正昌樹（２００９）『今こそアーレントを読み直す』講談社現代新書
西内　啓（２０１３）『統計学が最強の学問である』ダイヤモンド社
ハンナ・アレント（１９９４）『人間の条件』筑摩書房
ハンナ・アーレント（１９６９）『イェルサレムのアイヒマン』みすず書房
矢野久美子（２０１４）『ハンナ・アーレント』中公新書
The Economist. 2012, January 14. The last Kodak moment?: Kodak is at death's door; Fujifilm,

its old rival, is thriving. Why? http://www.economist.com/node/21542796.（Accessed April 22, 2012）

Gustin, S. 2012, January 20. Time, In Kodak Bankruptcy, another Casualty of the Digital Revolution.http://business.time.com/2012/01/20/in-kodak-bankruptcy-another-casualty-of-the-digital-revolution/#ixzz2C80D7wsA.（Accessed November 13, 2012）

Henderson, R. 2006, The Innovation's Dilemma as a Problem of Organizational Competence, *The Journal of Product Innovation Management*, 23:5-11.

Popper,K.R.（1959）, *The Logic of Scientific Discovery*, London: Hutchinson.（大内義一・森博訳『科学的発見の論理（上）・（下）』恒星社厚生閣　１９７６年）

Popper,K.R.（1965）, *Conjecture and Refutations: The Growth of Scientific Knowledge*, New York: Harper & Low.（藤本隆志・森博・石垣壽郎訳『推測と反駁―科学的知識の発展―』法政大学出版局　１９８０年）

Popper,K.R.（1972）, *Objective Knowledge: An Evolutionary Approach*, Oxford: Clarendon Press.（森博訳『客観的知識―進化論的アプローチ―』木鐸社　１９８０年）

Popper,K.R.（1945）, *The Open Society and Its Enemies*, London: Routledge.（小河原誠・内田詔夫訳『開かれた社会とその敵』未來社　１９８０年）

Popper.K.R.（1957）, *The Poverty of Historicism*, London: Routledge.（久野収・市井三郎訳『歴史主義の貧困』中央公論社　１９７７年）

切りとり線

★読者のみなさまにお願い

この本をお読みになって、どんな感想をお持ちでしょうか。祥伝社のホームページから書評をお送りいただけたら、ありがたく存じます。今後の企画の参考にさせていただきます。また、次ページの原稿用紙を切り取り、左記まで郵送していただいても結構です。

お寄せいただいた書評は、ご了解のうえ新聞・雑誌などを通じて紹介させていただくこともあります。採用の場合は、特製図書カードを差しあげます。

なお、ご記入いただいたお名前、ご住所、ご連絡先等は、書評紹介の事前了解、謝礼のお届け以外の目的で利用することはありません。また、それらの情報を6カ月を越えて保管することもありません。

〒101-8701（お手紙は郵便番号だけで届きます）
祥伝社新書編集部
電話03（3265）2310
祥伝社ホームページ　http://www.shodensha.co.jp/bookreview/

★本書の購買動機（新聞名か雑誌名、あるいは○をつけてください）

＿＿＿＿新聞の広告を見て	＿＿＿＿誌の広告を見て	＿＿＿＿新聞の書評を見て	＿＿＿＿誌の書評を見て	書店で見かけて	知人のすすめで

★100字書評……ビジネススクールでは教えてくれないドラッカー

					名前
					住所
					年齢
					職業

菊澤研宗　きくざわ・けんしゅう

慶應義塾大学商学部教授。1957年生まれ。慶應義塾大学商学部卒業、同大学大学院博士課程修了後、防衛大学校教授・中央大学教授などを経て現職。ニューヨーク大学スターン経営大学院、カリフォルニア大学バークレー校ハース経営大学院で客員研究員として研究を行なう。元経営哲学学会会長、現経営哲学学会理事および経営行動研究学会理事。著書に『組織の経済学入門』(有斐閣)、『戦略学—立体的戦略の原理』(ダイヤモンド社)、『戦略の不条理』(光文社新書)など。

ビジネススクールでは教《おし》えてくれないドラッカー

菊澤研宗《きくざわけんしゅう》

2015年4月10日　初版第1刷発行

発行者……………竹内和芳
発行所……………祥伝社《しょうでんしゃ》
〒101-8701　東京都千代田区神田神保町3-3
電話　03(3265)2081(販売部)
電話　03(3265)2310(編集部)
電話　03(3265)3622(業務部)
ホームページ　http://www.shodensha.co.jp/

装丁者……………盛川和洋
印刷所……………萩原印刷
製本所……………ナショナル製本

Printed in Japan　ISBN978-4-396-11409-1　C0234

〈祥伝社新書〉
経済を知る

111
超訳『資本論』
貧困も、バブルも、恐慌も——マルクスは『資本論』の中に書いていた！
神奈川大学教授 的《まと》場《ば》昭《あき》弘《ひろ》

151
ヒトラーの経済政策
世界恐慌からの奇跡的な復興
有給休暇、がん検診、禁煙運動、食の安全、公務員の天下り禁止……
ノンフィクション作家 武田知弘

343
なぜ、バブルは繰《く》り返されるか？
バブル形成と崩壊のメカニズムを経済予測の専門家がわかりやすく解説
久留米大学教授 塚崎公義

306
リーダーシップ3.0
カリスマから支援者へ
中央集権型の1.0、変革型の2.0を経て、現在求められているのは支援型の3.0だ！
慶應義塾大学SFC研究所 小杉俊哉

371
空き家問題
1000万戸の衝撃
毎年20万戸ずつ増加し、二〇二〇年には1000万戸に達する！ 日本の未来は？
不動産コンサルタント 牧野知弘